Manfred Kirchner

1000 Jahre Geschichte „erfahren"

Eine geschichtliche Fahrradtour durch
Herzberg am Harz

© 2017 Manfred Kirchner

Herstellung von Verlag:

BoD – Books on Demand, Norderstedt

ISBN
9783743172913

Richard von Weizäcker:

„Wer vor der Vergangenheit die Augen verschließt, wird blind für die Gegenwart."

Vorwort

Dieses Buch beschreibt die Herzberger Geschichte an verschiedenen Stationen, die mit dem Fahrrad angefahren werden. Wer möchte, kann diese Orte auch zu Fuß abgehen. Die gesamte Tour, mit dem Fahrrad gefahren, ist ca. 12 km lang.

Das Buch ist bewußt so gestaltet, dass jeder selbst und ohne Führung die historischen Punkte aufsuchen kann. In dem Buch sind Geo-Koordinaten eingearbeitet, um so Geocaching-Freunden den Zugang zu den Objekten zu erleichtern. Bedeutende Objekte und Bereiche, die im Rahmen dieser Rundfahrt nicht angegangen wurden, sind im Anhang beschrieben.

Bedingt durch die Geschichtsbeschreibung zu den einzelnen Stationen kann die Historie Herzbergs nicht chronologisch dargestellt werden. Dennoch gibt es am Ende des Buches eine Tabelle der wichtigsten geschichtlichen Daten Herzbergs in chronologischer Folge.

Dort, wo Gebäude, Wege oder Einrichtungen der Geschichtsbeschreibung nicht mehr vorhanden sind, wurde versucht, mit historischen Bildern die ehemaligen Gegebenheiten darzustellen. Ein herzlicher Dank geht an dieser Stelle an Klaus Matwijow, der viele Bilder dieses Heftes aus seinem Archiv zur Verfügung stellte, an Stadtarchivar Dieter Karl Wolf und Uwe Bischoff vom Heimat- und Geschichtsverein Herzberg sowie viele Freunde der Geschichte Herzbergs für die Unterstützung.

Die Geschichte des Schlosses Herzberg ist in dieser geschichtlichen Fahrradtour weitgehend ausgespart. Sie würde den Rahmen dieses Buches sprengen. Hier verweise ich auf zahlreiche vorhandene Dokumentationen, zum Beispiel auf die von Hans Grüneberg: Schloss Herzberg und seine Welfen.

Die Geschichtsschreibung ist nicht immer eindeutig, vermutlich auch als Folge mündlicher Überlieferungen. Durch zahlreiche Brände, vor allem um 1600 bis 1700, wurden fast alle Dokumente zur Entwicklung Herzbergs vernichtet. So kann es durchaus sein, dass Sie als Leser andere Kenntnisse haben. In diesem Falle bin ich sehr dankbar, wenn Sie diese Informationen an mich weitergeben.

Manfred Kirchner

Herzberg am Harz, Februar 2017

Inhalt

1000 Jahre Herzberg 1

Informationsquellen am Wegesrand 2

Weitere Infoquellen 3

Teil I: Von der Obermühle zum Ochsenpfuhl **4**

1 Obermühle 5

2 Mühlengraben 5

3 Blockhof und Untermühle 6

4 Bartholomäikirche, Friedhof 8

5 Schlossvorwerk und Domäne 9

6 Deutscher Kaiser 12

7 Ölmühle, Weberei Nitsch 14

8 Blankschmiede Neimke, Gasthof Paul Engelke, Landhaus Schulze 15

9 Arbeitsdienstlager 16

10 Pfingstanger 17

11 Gewehrfabrik, DAG, Kunstseidenfabrik Borvisk **18**

12 Freudenstein 22

13 Jägerhof 24

14 Ida Arenhold 24

15 Ochsenpfuhl 25

Teil II: Vom Ochsenpfuhl bis zum Schulberg 27

16 Schützenhaus, Sägewerk Kiene (Homann) 28

17 Bahnhof, Gedenkstein „Todesmarsch" 29

18 Pleissner 31

19 Amtmann Lueder 32

20 Ältestes Haus in Herzberg, untere Junkernstraße, Magisterberg 33

21 Mittlere und obere Junkernstraße 36

22 Nicolai-Kirche 37

23 Schulberg, alte Schule 38

Teil III: Oberherzberg; vom Schulberg bis zum Kurpark 40

24 Juessee, Juesseedamm 41

25 Flecken-Brauhaus 41

26 Levin-Westermannsche Wollweberei, Feilenhauerei Reck & Sohn 42

27 Nagelschmiede 44

28 Brandwein-Brennerei, Rathaus, Feuerschutz 45

29 Sägemühle Kiene und Orgelbauer Engelhardt 47

30 Gewehrfabrik 48

31 Blankschmiede 51

32 Papiermühle 52

33 Lonauerhammerhütte 53

34 Kurhaus 56

35 Kurpark 57

36 Kupferhütte und fiskalische Sägemühle 58

Teil IV: Vom Hüttufer bis zum Sieberdamm 60

37 Papierverarbeitung und Rohstoff Holz 60

38 „Kolle-Teich" und Eimerfabrik Kolle 61

Alternativ: Tour durch das Hägerfeld 62

39 Gerichtsberg 63

40 Sieberdamm und Sieberbrücke 64

Anhänge: **66**

Weitere geschichtsträchtige Orte außerhalb der Fahrradtour 66

    a)   Hauptstraße und Markt 66

b)	Sieberstraße und Sägemühlenstraße	67
c)	Heidestraße, Vorstadt, 3	67
d)	Das Wilkesche Grundstück	69
e)	Juesfried	70
f)	„Friedrichshöhe"	70

Sagen, Geschichten, Anekdoten 71

Sage vom Ochsenpfuhl 71

Schachtrupp 71

Wehrhaft, ehrlich, versoffen, aber nicht immer trinkfest 72

Ergänzende Informationen 73

Hillemann, Hütten, die die Gewehrfabrik Herzberg belieferten 73

Hillemann zur Königshütte 74

Herzberger Papierfabrik 74

Zeittafel Herzberg 75

Hillegeist: Herzberger Wirtschaft 79

Quellen 80

1000 Jahre Herzberg sind

auch 1000 Jahre Wandel. Hier zwei Beispiele: Schloss Herzberg, Ansicht um 1800 (im Vordergrund die zur ehemaligen Gewehrfabrik gehörenden Gewerke) und eine Herzberg-Ansicht aus 1885 im Vergleich zum Titelbild.

Informationsquellen am Wegesrand

An vielen Stellen in Herzberg sind Infotafeln oder Hinweisschilder angebracht, die Erläuterungen zu historischen Stätten geben. Hierzu zählen:

- Ergänzungstafeln zu den Straßenschildern, z. B. zur Brauhausstraße oder zur Junkernstraße, angebracht von der Stadt Herzberg

- Dennerttannen mit kurzen Erläuterungen historischer Stätten, durch den Heimat- und Geschichtsverein Herzberg aufgestellt

- Infotafeln entlang des Mühlengrabens, der Sieber und der Lonau, angebracht von der Zukunftswerkstatt Herzberg

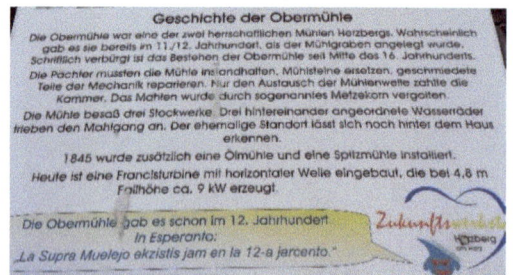

- Infotafeln an historischen Gebäuden, z. B. am ältesten Haus Herzbergs, erstellt von der Stadt Herzberg

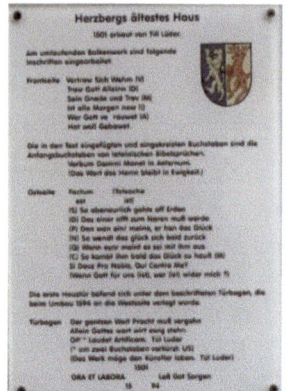

- Infotafeln entlang des Karstwanderweges

Weitere Infoquellen
Archiv der Stadt Herzberg, geöffnet dienstags von 10 – 12 Uhr

Diese Infoquelle ist für jeden geeignet, der gezielt etwas suchen will, was in Beziehung zur Stadt Herzberg steht. Die Nutzung des Archivs ist kostenpflichtig (z. B. Ahnenforschung), wenn die Suche nicht öffentlichem Interesse dient. Kontakte über Bürgerbüro der Stadt Herzberg, Tel. 05521-852 181.

Museum Schloss Herzberg

Eine Abteilung des Museums widmet sich der Herzberger Stadtgeschichte. Hier werden neben allgemeinen Informationen folgende Schwerpunkte herausgestellt:

- Gewehrfabriken in Herzberg und Gewehrproduktion
- Der Mühlengraben als wirtschaftliche Lebensader Herzbergs
- Orgelbau, auch für Besucher bespielbare Orgel
- Münzfund Scharzfeld

Die aktuellen Öffnungszeiten können unter www.herzberg.de und www.museum-schloss-herzberg.de/kontakt eingesehen werden.

Im Winter ist das Museum zeitweise geschlossen.

Niedersächsische Staats- und Universitätsbibliothek

Bereichsbibliothek Kulturwissenschaften
Heinrich-Düker-Weg 14
Göttingen

Archiv Land Niedersachsen

Niedersächsisches Landesarchiv
Am Archiv 1
D-30169 Hannover
Tel.: (+49) 511 120 66 01
Fax: (+49) 511 120 66 39
E-Mail: poststelle@nla.niedersachsen.de.

Geschichtliche Fahrradtour durch Herzberg

Teil I: Von der Obermühle zum Ochsenpfuhl

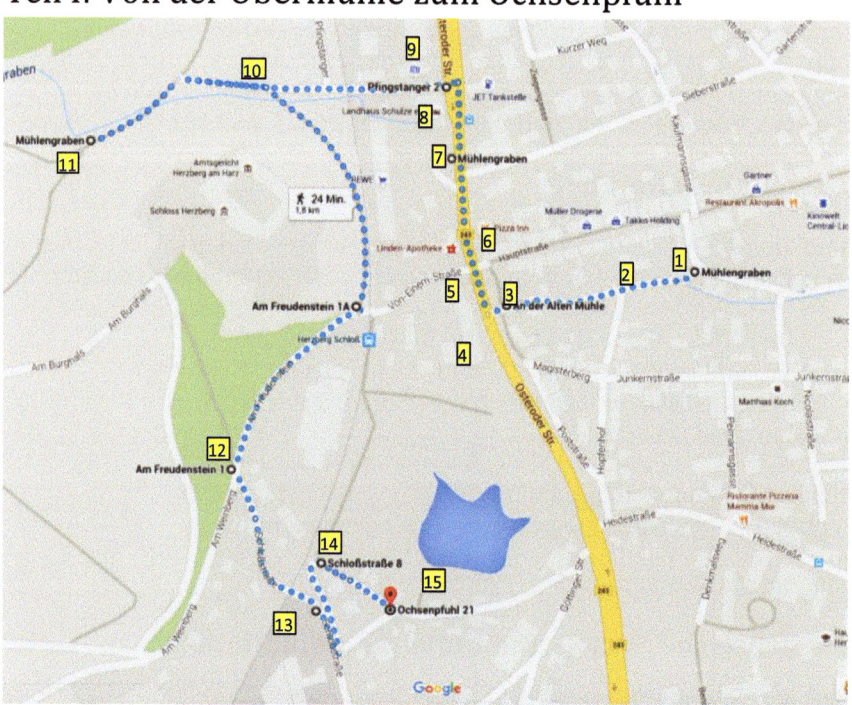

1 Obermühle
2 Mühlengraben
3 Blockhof, Untermühle
4 Batholomäikirche, Friedhof
5 Schlossvorwerk
6 Deutscher Kaiser
7 Ölmühle, Weberei Nitsch
8 Blankschmiede Neimke, Gasthof Paul Engelke, Landh. Schulze
9 Arbeitsdienstlager
10 Pfingstanger, Gaswerk
11 Gewehrfabrik, Kunstseidenfabrik Borvisk, DAG
12 Freudenstein
13 Jägerhof
14 Ida Adenhold
15 Ochsenpfuhl

1 Obermühle   Geo-Kordinaten 51.654986, 10.337319

Die Obermühle gibt es seit mehr als 350 Jahren. Sie war eine von zwei *fiskalischen* Mühlen in Herzberg. Pachtverträge sind nachweisbar von 1685 bis 1868. Der Pächter musste die Mühle warten und in Stand setzen. Er haftete mit einer Kaution und ggf. sogar seinem privaten Vermögen. Der Müller mußte Kenntnisse des Müllerhandwerks nachweisen und einen guten Leumund haben.

Im Grabenwasser waren hier vier Wasserräder installiert: Drei unterschlächtige Räder von 3 m Durchmesser trieben zwei Mahlwerke und einen Schrotgang an. Ein weiteres unterhalb der Mühle befindliches Rad war halbschlächtig und trieb eine Ölmühle an. 1885 wurde sie zu einer Sägemühle umgebaut, nach 1910 das Wasserrad zum Antrieb der gemeindeeigenen Dreschmaschine genutzt.

Heute ist die Mühle im Privatbesitz der Familie Knobloch. Mit der Wasserkraft wird eine Francisturbine angetrieben, die bei einer Fallhöhe von 4,8 m ca. 9 kW Strom erzeugt.

weitere Info
* Infotafeln Zukunftswerkstatt
* Dennerttanne
* Grohmann, Herzberger Wirtschafts- und Sozialgeschichte, Seite 78 ff

Auf einen Blick
* fiskalische Mühle, über 350 Jahre alt
* 3 Wasserräder, 2 Mahlwerke
* 4. Wasserrad = Ölmühle, dann Sägemühle, ab 1910 gemeindeeigene Dreschmaschine, jetzt Turbine = 9 kW

2 Mühlengraben

Von der Sieber bis in die Sieber ist der Mühlengraben ca. 3 km lang, ab Sieberwehr bis zur „Post" hat er ein Gefälle von ca. 25 m. 1930 wurden an ihm 26

Wasserräder und 5 Turbinen betrieben. Eine Holzwasserleitung versorgte Blockhof, Schlossvorwerk und Ochsenpfuhl mit Frischwasser. Chronik Kleinschmidt: „Der Mühlengraben speist 2 herrschaftliche Mühlen, die Sägemühle, 2 Oelmühlen, Gewerke der Blankschmiede, die im Pfingstanger liegende Waffenfabrik und die neuerlich von dem konzessionierten Amtszimmermeister H. Rohrmann angelegte Langsägemühle." Der Mühlengraben wurde vermutlich im 12./ 13. Jh. angelegt, nach neueren Informationen wahrscheinlich auch schon früher.

Der Mühlengraben konnte als Wasserversorung für die Herzberger Bevölkerung nur bedingt genutzt werden, da teilweise die am Graben liegenden Jauche- und Abortgruben in ihm geleert oder Abwässer von den Gewerbebetrieben, z. B. durch die Tuchfabrik Levin/Westermann, abgeleitet wurden. 1876 traten zahlreiche Typhusfälle auf, die von einem Dr. Neuß untersucht wurden. Er bezeichnete damals den Mühlengraben als unerträgliche Cloake.

weitere Info
* Schwarzer, Die Herzberger Wasser-Acht
* Grohmann, Herzb. Wirtschafts- und Sozialgeschichte, Seite 74 - 97
* Museum Schloss Herzberg
* Kleinschmidt, Chronik von 1894
* Rudolf Teipel, Der Mühlengraben – Einst Herzbergs Lebensader

Auf einen Blick
* Mühlengraben ist vermutl. über 1000 Jahre alt, 3 km lang, 25 m Gefälle
* historisch: zahlreiche Betriebe, 1930: 26 Wasserräder + 5 Turbinen
* Holzwasserleitung von Obermühle bis Blockhof. teilweise noch zu sehen

3 Blockhof und Untermühle   Geo-Kordin.: 51.654826, 10.334736

Der Blockhof wurde 1786 als Nannescher Hof gebaut und als großer landwirtschaftlicher Betrieb mit einer Branntweinbrennerei genutzt. 1887 befand sich hier die Lohgerberei A. Bollmann, die im Dezember 1900 einem Großbrand zum Opfer fiel. 1903 wurde dann hier die Badeanstalt Schucht eröffnet. Der Blockhof

Vorwerk und Blockhof 1885

muß aufgrund seiner steinernen Bauweise dem Schloss oder dem Vorwerk zugeordnet werden. Ein privater Bauherr konnte sich zu jener Zeit eine solche Bauweise nicht leisten.

Unterhalb der Obermühle war im Grabenbett des Mühlengrabens eine hölzerne Trinkwasserleitung verlegt, die einst zum ehemaligen Blockhof führte und ist heute noch teilweise sichtbar.. Ein Ausstellungsstück ist im Schloßmuseum zu sehen.

Untermühle etwa 1970

Rechtsseitig des Grabens stand bis zum Abriss 1972 die 1635 errichtete Untermühle, vermutlich ein Neubau einer bereits bestehenden Mühle. Auch hier gab es vier halb- bzw. unterschlächtige Wasserräder; drei von je 4 m Durchmesser trieben zwei Mahlwerke, das vierte eine Sägemühle. Ein weiteres Rad trieb die bereits 1654 bei MERIAN erwähnte Wasserkunst an, die das Welfenschloss mit Wasser versorgte. Herzog Ernst von Braunschweig-Lüneburg ließ 1558 eine Wasserkunst anlegen, um Wasser vom Mühlengraben zum Schloss zu pumpen. Es handelte sich um eine Kolbenpumpe, die das Wasser, anfangs durch Holz- und später durch Eisenrohre, den Berg hinauf zum Schloss drückte. Im Winter mussten die Röhren durch eine Abdeckung mit Pferdemist und Tannenreisig vor Frosteinwirkung geschützt werden. In einem verherdeten Kessel wurde Wasser erhitzt und in den Druckwassertrog geleitet. Verantwortlich für die Wasserversorgung des Schlosses war der jeweilige Mühlenpächter. Frohr die Wasserleitung dennoch ein, mußte der Mühlenpächter die Wasserversorgung des Schlosses auf eigene Rechnung sicherstellen und rund 3000 l täglich liefern.

Ein geschichtlicher Seitenblick: 1926 erwarb die Stadt Herzberg die beiden fiskalischen Mühlen, den Mühlengraben und den Juessee. Damit ist auch das Sieberwehr in die Unterhaltsplicht der Stadt übergegangen.

Die Wasserkunst lieferte pro Stunde 10 ¾ Cubikfuß (~ 3,3 cbm), die Vorratsbütten des Schlosses faßten 218 ½ Cubikfuß (~ 66,6 cbm).

Nach dem Wasserleitungsbau 1905 wurde das Schloss über die Wasserkunst mit Wasser aus dem Herzberger Leitungsnetz versorgt, die allgemeinen Vorrechte des Schlosses waren abgelöst. Nach dem Umbau der Untermühle 1929 wurde das Schloss bis zum Abriß der Mühle 1972 über eine „Grave-Pumpe" mit Wasser versorgt. Die Pumpe ist heute noch im Schlossmuseum zu sehen.

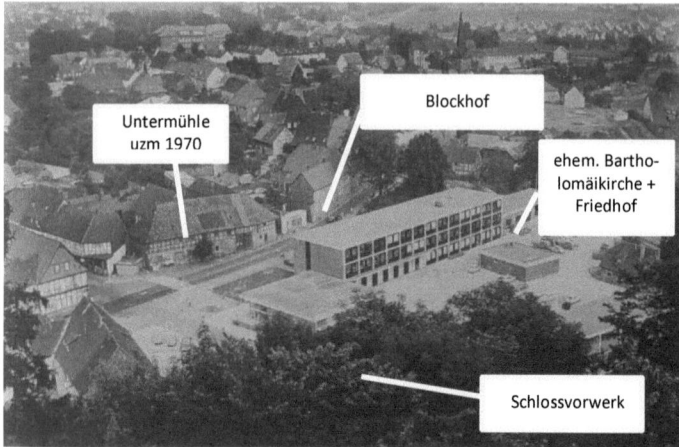

weitere Info
* Schwarzer, Die Herzberger Wasser-Acht
* Grohmann, Herzb. Wirtschafts- und Sozialgeschichte, Seite 74 – 97
* Museum Schloss Herzberg
* Info-Tafel Zukunftswerkstatt
* Rudolf Teipel, Der Mühlengraben – Einst Herzbergs Lebensader

Auf einen Blick
* **Blockhof:** auch Nannescher Hof, 1786 erbaut, u.A. Branntweinbrennerei, 1900 abgebrannt, 1903 Bad
* **Untermühle:** 1635 errichtet, 1972 abgerissen, 4 Wasserräder, 2 Mahl-werke, mußte **Wasserversorgung des Schlosses** sicherstellen, **Wasserkunst** seit 1558
* ab 1905 Schloss an Leitungsnetz der Stadt

4 Bartholomäikirche, Friedhof
Geo-Koordinaten: 51.654476, 10.334100

Auf dem Gelände der ehemaligen Post stand von 1593 bis zu ihrem wegen Baufälligkeit erfolgten Abbruch 1840 die Bartholomäikirche, in ihrer Fürstengruft lagen Prinz Friedrich (gefallen 1691) und Prinz Christian (gefallen 1703). 1595/ 96 erhielt die Kirche eine Orgel (Geschenk von Herzog Philip II). Der Kirchturm wurde 1687 gebaut, die Glocken von den Herrschaften geschenkt. Auf dem Friedhof waren nur sogenannte Vornehme bestattet, auch hier in gemauerten Gewölben.

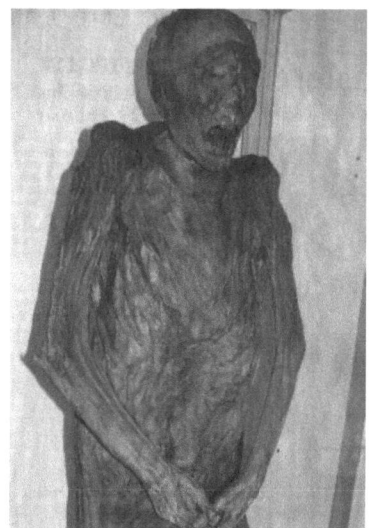

Bei Beisetzung von Rudolph Schachtrupp in der Familiengruft fand man 1714 noch **Curd Schachtrupp**s unverweste Leiche (✞1677). Die Mumie wurde in der Folgezeit vom Totengräber gegen Geld zur Schau gestellt, sogar in den umliegenden Wirtshäusern. Sie war verschiedentlich Gegenstand derber Späße.

Es wurden weitere 15 unverweste Leichen in den Gewölben gefunden. Diese waren im Winter bestattet worden; der Salpetergehalt des Gesteins und die Trockenheit sollen die Leichen konserviert haben. Schließlich gelangte Schachtrupps unverweste Leiche in die Bestände des Academischen Museums. Schachtrupps Leiche ist noch heute in der Rechtsmedizin in Göttingen zu sehen.

weitere Info
* Michael Pätzold, Stelldichein mit einem Toten, Anhang Seite 68
* Grohmann, Herzberger Wirtschafts- und Sozialgeschichte
* Chronik Kleinschmidt von 1894

Auf einen Blick
* Bartholomäikirche von 1593-1840
* Friedhof der „Vornehmen"
* Fürstengruften, 1840 verlegt
* Schachtrupp-Mumie (+1677), 1714 freigelegt

5 Schlossvorwerk und Domäne Geo-Koordinaten: 51.654836, 10.333607

Kleinschmidt: „Wann der Ort Herzberg entstanden ist, wissen wir nicht. Im Mittelalter pflegten sich am Fuße der Burgberge die Hörigen, Ministerialen und Dienstmannen anzusiedeln, welche den Herren zu *Frohnleisten* verpflichtet waren, aber andersits den Vorteil genossen, im Falle der Not einen Schutz und Helfer zu haben. Es kam auch häufig vor, daß freie Bauern sich ihrer Freiheit begaben und Hörige wurden, um ihre Freiheit und ihr Eigentum mit einem sicheren, wenn auch geringen Einkommen und einem Leben unter dem Schutze der Mächtigen zu vertauschen. Daß nun der Ort Herzberg bald nach Gründung der Burg auf diese Weise entstanden ist, ist zwar nicht beurkundet, aber doch sehr wahrscheinlich. Fest steht, daß im Jahre 1337 das Dorf und das Vorwerk vorhanden waren."

andere Quellen: Zur Domäne gehörten 1671: 842 Morgen Ackerland, 121 Morgen Wiese und 150 Stück Großvieh. Die Domäne war gleichzeitig Wohnsitz des Domänenpächters bzw. Domänenverwalters. Die zur Domäne gehörende Scheune, ehemals Amtsbrauhaus, wurde 1930 für einen Postneubau abgerissen, das Schlossvorwerk selbst in den 1970er Jahren für den zweiten Postneubau.

Das Amtsbrauhaus wurde 1592 errichtet. Das Brauprivileg hatte den Herzberger Bürgern 1569 Herzog Wolfgang gewährt. Hierzu wird an anderer Stelle noch einmal näher eingegangen. Das Amtsbrauhaus konnte von den Herzberger Bürgern mit genutzt werden, wenn es frei war. Verbunden mit dem Amtsbrauhaus war ein sogenannter Bierzwang: die Dörfer Pöhlde, Lütgenhausen, Scharzfeld, Elbingerode, Hörden, die Aschenhütte und die Ziegelhütte, Hattorf, Wulften, Dorste und Schwiegershausen mussten ihr Bier vom Amtsbrauhaus beziehen. Das Vorwerk wurde, so lange noch Fürsten auf dem Schloss residierten, von Be-

amten verwaltet, später verpachtet. Als Domanialpächter hat sich A. Lueder einen Namen gemacht. Das Domanialland wurde bei Auflösung der Domäne um 1900 verkauft.

Hillegeist schreibt im Zusammenhang zu Hans Ernst Keydel d. J. (1646 – 1726): „Während seiner Zeit flammte erneut die Frage auf, ob die Bediensteten der Hütten Sieber, Königshof und Lonau ihr Bier von Herzberg oder von anderswoher holen durften, also das Getränk, das in einem Hütten- und Hammerwerk wegen der übermäßigen Belastung des Körpers durch die überhöhten Temperaturen zur Existenz einfach notwendig war. Natürlich wollte das Amt mit dem Flecken Herzberg an den Hüttenleuten gut verdienen. Bereits 1666 kam es zu einer ersten Kraftprobe, als nämlich die Herzberger dem Gewerken Hans Ernst Keydel auf dem Heimweg nach Sieber gewaltsam ein ganzes Fass Gieboldehäuser Bier unter dem Hinweis auf ihr Brauereierzeugnis weggenommen hatten. Es kam dann in Osterode zur Verhandlung, bei der der Faktor Conrad Tüllmann, der die Hüttengewerken vertrat, berichtete, dass sie als Gewerken eine „über 100 Jahr ersessenen Gerechtigkeit und sehr alten Herkommen der freien Zufuhr und Ausstellung fremder vor Eisen ertauschtes oder gekauftes Bier ..." besäßen, und ansonsten wäre das Herzberger „oft so schlecht und schlimmes Bier, dass man es besser Orts für die Schweine schütten müsse ...". Ein vernichtendes Zeugnis für die Braukunst der Herzberger.

Brauordnungen
- Brauberechtigung war meist mit Eigentum verbunden
- es wurde die Qualität des Bieres geregelt
- die Nutzung des Brauhauses wurde geordnet, bei vielen Brauberechtigten entschied das Los
- Braumeister waren zur Qualitätssicherung verpflichtet

Herzberger Brauordnung
- Brauhaus darf nicht länger als 5-6 Tage ungenutzt sein
- Durch Los festgelegte Reihenfolge ist einzuhalten
- Der Brauberechtigte kann sich vertreten lassen, wenn nicht, muss er beim 3. Mal Strafe zahlen
- Zutritt zum Brauhaus ist geregelt
- Brauberechtigung konnte verpfändet/verkauft werden
- In Herzberg durfte bis auf zwei Krüge nur eigenes Bier verkauft werden, die Krüge durften Einbecker und Goslarer Bier verkaufen

weitere Info
* Grohmann, Herzberger Wirtschafts- und Sozialgeschichte
* Kleinschmidt: Chronik 1894
* Grüneberg: Schloß Herzberg und seine Welfen
* Hillegeist, Die Geschichte der Lonauer Hammerhütte ...

Auf einen Blick
* erste Siedlungen unter dem Schloß vermutlich um 1100
* Vorwerk und Dorf 1337 urkundlich erwähnt
* zum Vorwerk gehörte das Amtsbrauhaus
* über Vorwerk wurde u.a. die Ernährung der Harzer Bergleute mit gesichert

6 Deutscher Kaiser

Geo-Kordinaten: 51.655254, 10.334446

Der „Keydelsche Hof" vom Hüttenherrn Keydel wurde 1654 als Wohnhaus mit Stallungen erbaut. Ab 1663 Weinschänke, dann Gasthof und später Hotel Deutscher Kaiser (Teipel/Wolkenhauer). Keydel war Besitzer der Lonauer Hammerhütte. Später wurde es zur sogenannten Ordonanzschänke umgebaut. Als Hotel und Gaststätte war es lange Jahre "Erstes Haus am Platz". Das Baujahr 1654 ist wohl zweifelsfrei und Teil der Inschrift des Gebäudes. Der Erbauer, wie er von Teipel/Wolkenhauer angenommen wird, muss aber angezweifelt werden.

Nach Dokumenten und den Recherchen von Dipl.-Ing. **Fiedler** aus Achim wurde das Haupthaus Mitte des 17. Jahrhundert, also kurz nach dem Ende des Dreißigjährigen Krieges erbaut. Besitzer und Bauherren war eine Familie Becker, der schon das 1647 abgebrannte Vorgängerhaus gehörte. Die Beckers waren in 2. Generationen fürstliche Mundköche im Herzberger Schloß und als solche von den Fürsten sowohl mit besonderem Vertrauen als auch mit Steuerprivilegien ausgestattet.

Die Bauweise und die Ausführung lassen vermuten, dass das Haus von Anfang an als Gasthaus geplant war. So gibt es im Obergeschoss einen stützenfreien Raum von fast 60m^2 mit einer lichten Höhe von über 2,60 m, der sicherlich als Versammlungsraum oder Saal genutzt wurde. In der Folge sind diverse Besitzer des Hauses in den Urkunden als Gastwirte erwähnt, so dass man von einer mindestens 350-jährigen Gaststättentradition an dieser Stelle ausgehen kann.

Der Flecken Herzberg erhielt das Privilegium einer Weinschenke, und zwar von Herzog Georg (1617-41). In späterer Zeit ist diese Berechtigung an den Schützenhof übergegangen, zugleich mit der daran geknüpften Verpflichtung, der Kirche den Abendmahlswein zu liefern (aus Chronik von 1894). Noch heute ist mit dem Grundstück grundbuchrechtlich ein "Realschankrecht" verbunden. Den Namen "Deutscher Kaiser" erhielt das Haus erst Ende des 19. Jahrhunderts, als F. Röttger unter diesem Namen ein Hotel eröffnete.

In einem Plan von Herzberg aus dem Jahr 1753 wird der Deutsche Kaiser als „Kaydels Hof" bezeichnet. Zu dem Zeitpunkt war Kaydel wohl Eigentümer des Grundstücks und Gebäudes.

weitere Info
* Chronik der Fam. Willig
* Kleinschmidt, Chronik von 1894
* Chronik Fam. Schröder

Auf einen Blick
* 1654 erbaut, Erbauer und Eigentümer nicht klar, war Ordonanz- u. Weinschänke
* ab Ende 19. Jahrhunder Hotel „Deutscher Kaiser", umbenannt von F. Röttiger

Bebauung am Fuße des Schlossberges um 1753

1 Schlossvorwerk (Domäne)
2 Untermühle
3 Brauhaus
4 Weinschänke, Ordonanzhaus, Deutscher Kaiser (erbaut 1654)
5 Seifen- und Lichterfabrik A.D. Wallis (nach 1814)?
6 Forsthaus
7 Lustgarten, Haus und Hof Hl. Rath und General auditorio Hotzen
8 Ölmühle
9 Blankschmiede Neimke (heute Landhaus Schulze)

7 Ölmühle, Weberei Nitsch Geo-Kordinaten: 51.656039, 10.332966

Die **Ölmühle**, die in der Karte von 1753 verzeichnet ist, wurde am 12. Januar 1799 von Friedrich Kiene jun. an den Zimmermeister Johann Christian Rohrmann verkauft. Friedrich Kiene jun. hatte die Mühle von seinem Vater geerbt. Wieweit diese Ölmühle mit der von Kleinschmidt genannten Rohrmannschen Langsägemühle identisch ist, konnte nicht geklärt werden. Es hat wohl neben den beiden fiskalischen Mühlen mehrere Ölmühlen gegeben. Die Kienesche Ölmühle ist dann 1835 in die Weberei Nitsch aufgegangen.

Auf dem Gelände am Fuß des Schlossberges stand ab 1835 die **Weberei und Färberei Nitsch**. Hier wurde, wie bei *Levin*, Beiderwand-Leinen gewebt. Drei Generationen betrieben bis etwa 1930 die Leinenweberei und Färberei.

Belegschaft Weberei Nitsch um 1900

1881 wird über die Herstellung von 18.000 – 20.000 Längenmetern Rohleinen berichtet. 1892 waren 58 Beschäftigte mit einem Einkommen von 10 Mark Wochenlohn angegeben. 1927/28 wurden Beschwerden gegen Vorbenutzer des Mühlengrabenwassers laut, Anfang der 1930er Jahre dann die Weberei geschlossen. 1935 stellte der Besitzer Nitsch mehrere Anträge auf Wiedereröffnung, die jedoch abgelehnt wurden(siehe Stadtarchiv, Sig.-Nr. H358). Die Weberei wurde anfangs über Wasserkraft angetrieben, später durch Dampfantrieb. Nach Schließung der Weberei übernahm das Eisen- und Stahlwerk Pleißner

die Räume und nutzte sie als Dreherei und Modelllager. Ab den 1980er Jahren entstand hier nach mehreren Um- und Neubauten ein Einkaufszentrum.

Beiderwand: Grobes Gewebe aus Leinwand u. Wolle (eigtl. „beiderlei Gewand"), auch Beederwand: gemustertes zweifarbiges Gewebe in Leinwandbindung, beiderseits verwendbar, ursprünglich aus Leinen und Wolle, d.h. aus „beiderlei (Ge)wand", hergestelltes verbundenes Hohlgewebe, dessen geometrische oder figürliche Muster auf der Vorder- und Rückseite als Positiv und Negativ erscheinen. Verwendung hauptsächlich für Kleidung.

weitere Info
* Rudolf Teipel, Der Mühlengraben – Einst Herzbergs Lebensader
* Grohmann, Herzberger Wirtschafts- und Sozialgeschichte, S. 110, Tuchproduktion

Auf einen Blick
* Ölmühle 1799 an Zimmermeister Rohrmann verkauft, ist 1835 in Weberei Nitsch aufgegangen, 1892 ca. 60 Beschäftigte.
* Nitsch produzierte bis 1927/28 Beiderwand-Leinen, dann Stahlwerk Pleißner

8 Blankschmiede Neimke, Gasthof Paul Engelke, Landhaus Schulze

Geo-Kordinaten: 51.656359, 10.333792

Auf dem Gelände des Hotels Landhaus Schulze lag einst die Blankschmiede Neimke, 1648 erstmals Nennung eines Neimke in Herzberg. Zacharias Neimke heiratete die Witwe Metta Schäffer und übernahm die Schmiede bzw. Blankschmiede des verstorbenen Meisters Adam Schäffer. Ob diese Schmiede die unter dem Schloß liegende war, ist nicht nachweisbar, aber anzunehmen. Acht Generationen Neimke (Neimbke) arbeiteten als Blankschmiede in Herzberg, fünf in der unter dem Schloß gelegenen Blankschmiede, drei Generationen in der Blankschmiede auf Lonauerhammerhütte. In den Kirchenbüchern und Verträgen ist der Berufsstand der Blankschmiede Neimke immer mit dem Zusatz M=Meister angegeben.

Gastfof Engelke/Schulze, hinten Weberei Nitsch

1748 muß die Blankschmiede zwischenzeitlich dem Blankschmied Georg Bodo Schachtrupp verpachtet gewesen sein. In einem Schreiben vermeldete dieser der Königlichen Kammer, daß durch eine Hochflut der Sieber die bei der Königlichen Gewehrfabrik gelegene Blankschmiede zu einem Steinhaufen geworden sei und 24 Fuder Holzkohle fortgeschwemmt seien. Schachtrupp bat in diesem Schreiben um finanzielle Hilfe, die aber abgelehnt wurde. 1777 erneuerte Johann Wilhelm Neimke Schleifwerke und andere Gerätschaften, er machte die Blankschmiede wieder voll funktionsfähig. Nach dem Tode J. W. Neimkes bot 1790 die Königliche Gewehrfabrik der Witwe Neimke die Blankschmiede auf der Lonauerhammerhütte zum Tausch an. Die Königliche Gewehrfabrik wollte auf der Blankschmiede und der nebenanliegenden Ölmühle Kiene ein Schleif- und Polierwerk einrichten.

1785 ist die Blankschmiede auf der Königlichen Landaufnahmekarte als Neimken Blankschmiede ausgegeben. 1812 ging Julius Christian Neimke zur Lonauerhammerhütte, wo bis 1890 Blankschmiedebetrieb herrschte. Nach Ende der Gewehrfabrikation um 1876 wurde das Wohnhaus Neimke zur Gaststätte Buchholz (1905) und später zum „Gasthof Schloß" (Engelke, Kohlmann, Döhring, Schulze sen. und Schulze junior).

Beliebt war der sogenannte „Brettersaal" des Gasthofes „Zum Schloß", der im früheren Flecken Herzberg als größter Saal des Ortes Mittelpunkt des geselligen und gesellschaftlichen Lebens war. Hier spielte von 1910 bis etwa 1943 die **Kapelle „Krach"** unter der Leitung des Tanzlehrers Wilhelm Sander. Die Kapelle „Krach" war Hauskapelle des langjährigen Gastwirts Paul Engelke, der von 1907 bis zu seinem plötzlichen Herztod im Jahre 1939 den Gasthof am Fuße des Schloßberges bewirtschaftete. Ende der vierziger Jahre wurde dieser Saal zum „Schloßtheater" umfunktioniert. Es war eines der vier Lichtspielhäuser, die es in den 1950iger Jahren in Herzberg gab.

weitere Info
* Rudolf Teipel, Der Mühlengraben – Einst Herzbergs Lebensader
* Grohmann, Herzberger Wirtschafts- und Sozialgeschichte

Auf einen Blick
* 1648 erstmals Nennung von Neimke
* Blankschmiede in 8 Generationen betrieben, ab 1812 auf der Lonauerhammerhütte, vermutl. dann Nutzung als Schmiede durch Gewehrfabrik
* Wohnhaus wird um 1876 Gasthof

9 Arbeitsdienstlager   Geo-Kordinaten: 51.656918, 10.333674

An der Osteroder Straße am Eingang zum Pfingstanger wurde 1933 ein Arbeitsdienstlager errichtet, annähernd 60 m lang, insges. 26 Räume für 250 Personen, Übergabe 04. März 1934. Der Reichsarbeitsdienst war hier stationär von Januar

1934 bis 31. Mai 1937 tätig. 1936 bot der Herzberger Bürgermeister das Arbeitsdienstlager der SS als Ausbildungslager an. Das Arbeitsdienstlager diente zum Ende des 2. Weltkriegs als Unterkunft für der Zwangsarbeiter der DAG. Von Kräften des Arbeitsdienstes wurde z. B. die Sieberböschung ab Lonauzufluss befestigt und für den Schießstand der Schützen die Schießbahnen ausgehoben (siehe Stadtarchiv, Sig.-Nr. H358). Das Gebäude wurde Anfang der 1990er Jahre abgerissen.

10 Pfingstanger

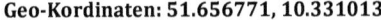

Geo-Kordinaten: 51.656771, 10.331013

ehem. Gaswerk, dann Küke & Lisson 1949

Der Pfingstanger ist ein altes Industriegebiet. Nach Gründung der Herzberger Gewehrfabrik (1739) entstanden hier etliche Werkstätten, Rohr- und Bajonettschmiede und Klingenschleifmühle, außerdem befand sich hier das Einschießgelände. Nachnutzer dieses Standortes waren ein Azetylengaswerk der *Firma Bonte* (1899), eine *Baumwollbleicherei „Mariental"* (1905), eine Anlage zur Fabrikation von Schießbaumwolle (1915) und eine von *Benno Borzekovski* betriebene Kunstseidenspinnerei (1919). Zu Beginn des Zweiten Weltkrieges (1939) entstand auf dem Gelände der Seidenspinnerei ein großer Rüstungsbetrieb der DAG (Dynamit Alfred Nobel AG). 1945 ereignete sich auf dem Gelände der DAG eine schwere Explosion, bei der viele Opfer zu beklagen waren.

Eingangs des Pfingstangers errichtete 1899 die Firma Bonte (Meran) ein Azetylengaswerk. Nach dem Übergang zur Steinkohlegaserzeugung 1911 wurde 1916 ein Eisenbahnanschlussgleis zur Anfuhr von Steinkohle und anderer Materialien von russischen Kriegsgefangenen gelegt. Diese Gefangenen waren in der Gaststätte Buchholz untergebracht. Ab ca. 1920 lieferten die Westharzer Kraftwerke Osterode Ferngas, hierfür wurde am Sieberufer ein Gasometer errichtet.

Auf einen Blick
* Arbeitsdienstlager 1933-1936
* 1899 Azetylengaswerk Fa. Bonte
* 1911 Gaserzeugung aus Steinkohle
* 1916 Bau Bahnanschluss (russische Kriegsgefangene)

weitere Info
* Rudolf Teipel, Der Mühlengraben – Einst Herzbergs Lebensader
* Grohmann, Herzberger Wirtschafts- und Sozialgeschichte
* Matwijow, 1933 - 1945

11 Gewehrfabrik, DAG, Kunstseidenfabrik Borvisk

Geo-Kordinaten: 51.656099, 10.328835

Die Geschichte der Herzberger Gewehrfabrik ist lang und umfangreich. Hierzu liegt vertiefende Literatur vor, z. B. die Dokumentation Hillemann oder die Ausarbeitung von Martina Grohmann, Herzberger Wirtschafts- und Sozialgeschichte.

1738 wurden erste Betriebe der bis dahin in Scharzfeld (Neuhof) eingerichteten Gewehrfabrik nach Herzberg verlegt, 1739 eine Schleif- und Poliermühle und 1740 die Rohrschmiede. Diese Betriebe wurden im Pfingstanger angelegt (siehe auch Karte aus dem Jahre 1753). Erster Inspektor war Johann Casimir Tanner aus Gotha. Ihm folgte sein Sohn Sigismund. Daneben wurden viele Fachkräfte aus Thüringen, Würzburg, Frankreich und Belgien angeworben.

Die weiteren Betriebe der Gewehrfabrik waren über viele Standorte in Herzberg verteilt. Auch nachdem 1789 in der Fabrikstraße das Arbeitshaus errichtet wurde, blieben die Schmieden und verschiedene andere Betrieben im Pfingstanger. 1876 wurde die Gewehrfabrik stillgelegt, nachdem sie nach 1866 nach Annexion des Königreichs Hannover durch Preußen schon an Bedeutung verloren hatte.

Der britische König und hannoversche Kurfürst Georg II. verlieh der Herzberger Gewehrfabrik bereits 1739 einen eigenen Gildebrief, der u. a. die Lehrlingsausbildung regelte. Gemäß Gesellenverordnung von 1742 lebten die Gesellen bei ihren Meistern. Ihr Arbeitstag dauerte von morgens um 5 bis abends um 7 Uhr, montags und sonnabends bis 6 Uhr. Feiertage wurden nicht berücksichtigt.

1750 gehörten folgende Betriebsstätten zur Herzberger Gewehrmanufaktur: das Reckhammergebäude mit zwei Schmiedeessen und Blasebälgen, die Bajonettschmiede mit drei Schmiedeessen und Blasebälgen, das Fabrikantenhaus mit Kuhstall, Schmiede und Kohlenschuppen, das Gerbelmannsche Haus als Arbeiterwohnhaus, Franckes Schmiede und Kohlenschuppen, das Rohr-, Bohr- und Schleifmühlengebäude mit drei Essen, ein Gebäude mit einem Glühofen, ein Kohlenschuppen bei der Rohrschmiede und das Poliermühlengebäude.

200 m unterhalb des Gaswerks siedelte sich nach 1900 am Mühlengraben die **Baumwollbleicherei** „Mariental" an, der 1915 eine Zweigniederlassung der Firma Reis & Co. aus Heidelberg folgte, die Futtermittel und Nitrierbaumwolle (Schießbaumwolle) produzierte. 1919 erwarb Benno Borzykowski das gesamte Gelände und errichtete eine **Kunstseidenspinnerei**, die nach seinen eigenen Patenten arbeitete. Durch Vergrößerung der Gebäude und Errichtung von Hallen mit modernen Maschinenanlagen war das Werk 1921 voll

---

Schießbaumwolle:
Cellulosenitrat (auch **Zellulosenitrat**) ist eine weiße, faserige, geruch- und geschmacklose Masse. Sie wird umgangssprachlich auch als Schießbaumwolle oder **Nitrocellulose** (oder **Nitrozellulose**) bezeichnet. Letztere Bezeichnung ist gemäß der IUPAC-Nomenklatur problematisch, denn es handelt sich nicht um eine RC–NO2-Bindung, wie es das Präfix „Nitro-" verlangt, sondern um einen Salpetersäureester der Cellulose.

Explosionsstärke (TNT-Äquivalent):
147 % von TNT

Aus Cellulosenitrat wurde früher eine Kunstseide, die sogenannte Chardonnet-Seide hergestellt. Wegen ihrer Feuergefährlichkeit wurde die Produktion jedoch schnell wieder eingestellt. Weitere Produkte: Zelluloid-Filme, Tischtennisbälle
Weitere Info: Wikipedia

ausgelastet und beschäftigte ca. 1000 Personen. Der Aufstieg des Unternehmens übertrug sich auf die Stadt Herzberg, die Einwohnerzahl erhöhte sich um 26%. Das „Diskoseverfahren" von Borzekowsky wurde im Dreischichtbetrieb betrieben, dieses damals neue Verfahren ermöglichte die Herstellung der „Unica Seide", die Fertigware wurde bis Schanghai exportiert. Zum Färben der Kunstseide war sauberes Wasser Grundbedingung. Da das Mühlengrabenwasser von Vorbenutzern mit Säuren und Schwebstoffen belastet war, stellte die Fa. Borvisk einen Antrag zum Bau einer Frischwasserleitung vom Juessee zum Firmengelände. Dem Antrag wurde nicht entsprochen. 1927 musste zwischenzeitlich die Produktion eingestellt werden. Eine behördliche Verfügung zur Verbesserung der Wasserqualität (Bau einer Abfallwasserleitung durch die Papierfabrik) wurde angestrebt, aber nicht umgesetzt. 1929 erweiterte Fa. Borvisk den Maschinenpark, die Kraftwasserzufuhr für die Turbinen erfolgte in einem werkseigenen Graben von der Sieber aus, zur Frischwasserversorgung wurde auf der gegenüberliegenden Sieberseite ein Brunnen gebaut. Die Brunnenbohrung war ergiebig, jedoch wurde die Produktion der Borvisk-Werke am 28.4.1930 wieder eingestellt, am 27.2.1934 ging die Firma in Konkurs. Im Juni 1940 wechselte das Gelände im Zwangsversteigerungsverfahren in den Besitz der reichseigenen Verwertungsgesellschaft. Vom Oberkommando des Heeres wurde die Dynamit AG beauftragt, die ehemalige Kunstseidenspinnerei zu einer Munitionsfabrik (Füllstelle) umzubauen. Geplant waren die Werke Kiefer II (Waldgebiet Eichholz) und Kiefer I, ehemals Borvisk. Der Bau von Kiefer II wurde aufgegeben, da Kiefer I bereits mit Strom und eigener Wasserversorgung ausgerüstet war. Nach Fertigstellung wurde das Werk der Fa. Montan Union übergeben. Anfangs erfolgte in Kiefer I die Füllung von Fliegerbomben bis zu 250 kg, später von Tellerminen. Zwangsverpflichtete Arbeiter (Deutsche, Polen, Franzosen und Holländer) arbeiteten hier. Verhandlungen über die Sicherheit von Stadt und Schloss Herzberg hatten zwar stattgefunden, so sollten nie mehr als 7500 kg Sprengstoff im Werk gelagert werden. Diese Bestimmungen wurden später gelockert, da die kriegswichtige Produktion Vorrang hatte.

Kunstseidenspinnerei Borvisk um 1930

DAG nach Explosion 1945

Gesamtbelegschaft: 1030 Fremdarbeiter (Stand 01.02.44): 300 Polen, 200 Franzosen, Österreicher und Holländer. Die Arbeiten im Füllbereich waren für die dort eingesetzten Menschen mit großen Gesundheitsgefahren verbunden, da die verwendeten Sprengstoffe durch die Haut oder die Atmung in den Körper gelangten. Dies führte oft zu schweren Vergiftungen mit teilweise tödlichem Ausgang. Allein 1944 und 1945 kam 28 Polen, 7 Russen, 3 Belgier, 1 Italiener, 1 Tscheche und 1 Litauer laut einer Liste der Kriegsgräberfürsorge ums Leben.

In der Nacht vom 4. zum 5. April 1945 brach in der Fabrik ein Feuer aus, dem in kurzen Abständen schwache Explosionen folgten. An diesem Tage lagerten im Werk bzw. in den Vorratsbunkern ca. 40000 kg Sprengstoff. Werksangehörige gaben an, dass in der Minengießerei eine große Stichflamme aufgekommen sei, worauf sie über eine Nottreppe geflüchtet seien. Auf dem Fluchtweg vernahmen sie weitere Explosionen. Nach Auslösen der Überflutungsanlage wurde das Werk von der Belegschaft verlassen. Die Herausnahme von 8000 Tellerminen a 5 kg war nicht mehr möglich. Die Werksfeuerwehr sowie Herzberger und Osteroder Feuerwehren versuchten mit 24 C-Schläuchen die Tellerminen zu kühlen, doch jegliches Bemühen war vergebens, morgens um 6:12 Uhr erschütterte eine gewaltige Explosion das Werk und die Stadt Herzberg. Bei der Explosion kam eine große Anzahl der Werksangehörigen, darunter 14 Feuerwehrmänner (vier Herzberger Feuerwehrmänner) und 12 ausländische Arbeitskräfte ums Leben.

Spätere Zeugenaussagen gaben an, dass das Unglück durch betriebstechnische Fehler entstanden sei. Eine Feindeinwirkung (Bombenabwurf durch Flugzeuge) habe nicht stattgefunden. Andere Quellen sprechen von einer gezielten Bombardierung des Werks. Seitens der Besatzungsmacht und später der deutschen Staatsanwaltschaft wurden Untersuchungen geführt, um die Hintergründe der Explosion aufzuklären. Diese zogen sich bis 1950 hin, konnten aber der Betriebsleitung und Direktion keine Schuld wegen fahrlässiger Tötung bzw. Brandstiftung nachweisen.

Zur Wassernutzung am Pfingstanger: Das Gaswerk nutzte den Mühlengraben als Kühlwasser bei der Gaserzeugung.

50 m oberhalb der ehemaligen Kunstseidenspinnerei war das letzte Stauwehr des Grabens mit einer Überwasserabflussschleuse. Grabenbett und Stauwehr lagen 4 m höher als die Werksanlagen, eine 2-fache Turbinenanlage wiederum 2 m tiefer, so daß eine Fallhöhe von 6 m nutzbar war. Es wurde Strom für das Werk und die Wohnhäuser der Werksangehörigen erzeugt. Das Wasser des Grabens diente ebenso bei der Kunstseidenherstellung.

weitere Info
* Museum Schloss Herzberg
* Rudolf Teipel, Der Mühlengraben – Einst Herzbergs Lebensader
* Grohmann, Herzberger Wirtschafts- und Sozialgeschichte
* Matwijow: Spurensuche in Herzberg am Har 1933 – 1945
* zahlreiche weitere Publikationen
* Geschichte der Herzberger Gewehrfabrik, Hillemann 1955

Auf einen Blick
* Gewehrfabrik von 1739 bis 1878
* 1915 Baumwollbleiche, u.a. wird Schießbaumwolle wird hergestellt
* 1919 - 1934 Kunstseidenspinnerei mit bis 1000 Beschäftigten
* 1939 – 1945 Munitionsfabrik der Dynamit AG, ebenfalls ~ 1000 Beschäftige (einschl. Gefangene und Zwangsarbeiter)
* 05.04.1945 Explosion, viele Toten

12 Freudenstein   Geo-Kordinaten: 51.653412, 10.330772

1596 starben die Fürsten von Grubenhagen, die auf Schloss Herzberg residierten, aus. Die Herzöge von Braunschweig-Wolfenbüttel eigneten sich das Fürstentum an, mussten es aber 1617 an den Celler Zweig abgeben. Herzog Christian von Celle gab das Fürstentum Grubenhagen als Apanage an seinen Bruder Georg. Um die weitere Teilung des Landes zu verhindern, beschlossen die noch lebenden 5 Brüder, dass nur einer sich standesgemäß verheiraten sollte. Sie ließen das Los entscheiden.

Am Freudenstein soll Herzog Georg von Calenberg seiner heimlichen Verlobten, Prinzessin Anna Eleonora von Hessen-Darmstadt, die hier am Stein auf ihn wartete, die freudige Botschaft überbracht haben, dass er durch Losentscheid erwählt wurde, die Linie des Welfenhauses fortzuführen. Sie heirateten 1617 und residierten bis 1636 auf Schloss Herzberg.

Mehr zu Schloss Herzberg, seinen Fürsten und Bewohnern ist im Schlossmuseum und in zahlreichen Publikationen zu erfahren. Hierfür sollte schon etwas Zeit eingeplant werden. Einen Kurzüberblick über die Geschichte des Schlosses bietet die Informationstafel am Eingang zum Schloss. Hier der Text:

SCHLOSS HERZBERG

Geo-Kordinaten: 51.655668, 10.330407

DER ÜBERLIEFERUNG NACH ERBAUT ALS JAGDHAUS 1029 DURCH WERNER VON LUTTEBERG - HERRN ZU OSTERODE UND VOGT ZU PÖHLDE. UM - 1150 DURCH HEINRICH DEN LÖWEN - DER HIER MEHRFACH URKUNDETE - IM TAUSCHWEGE IN DEN BESITZ DES WELFENHAUSES GEKOMMEN. SCHRIFTLICHE TAUSCHBESTÄTIGUNG KAISER FRIEDRICH BARBAROSSE VOM 1.1.1158. SEIT HEINRICH MIRABILIS ERSTEM HERZOG DES UM 1290 DURCH TEILUNG NEU ENTSTANDENEN LANDES BRAUNSCHWEIG-GRUBENHAGEN BEVORZUGTE UND SEIT 1486 STÄNDIGE RESIDENZ DIESER HERZÖGE, DIE MIT PHILIPP II. 1596 AUSSTARBEN UND VON DER LÜNEBURGER LINIE BEERBT WURDEN -
1617 BIS 1635 EHESITZ HERZOGS GEORG VON BRAUNSCHWEIG-LÜNEBURG-CELLE. STAMMVATER DER KÖNIGE VON ENGLAND AUS DEM HAUSE HANNOVER SEIT 1714 SOWIE DER KURFÜSTEN 1692 BIS 1814 UND KÖNIGE VON HANNOVER 1814 - 1866. GEBURTSSTÄTTE SEINER TOCHTER SOPHIE AMALIE 1628. NACHMALS KÖNIGIN VON DÄNEMARK DURCH DIE EHE MIT DESSEN KÖNIG FRIEDRICH III. SOWIE SEINER VIER SÖHNE:
CHRISTIAN LUDWIG 1622, SCHÖPFER VON TURM UND NORDFLÜGEL DES 1510 BRANDZERSÖRTEN SCHLOSSES IN JETZIGER FORM; GEORG WILHELM 1624 VATER DER PRINZESSIN VON AHLDEN: JOHANN FRIEDRICH 1625: BEGRÜNDER VON HERRENHAUSEN: ERNST AUGUST 1629 ERSTER KURFÜST VON HANNOVER UND VATER DES KÖNIGS GEORG I. VON ENGLAND -

weitere Info
* Hans Grüneberg, Schloss Herzberg und seine Welfen
* Kleinschmidt, Chronik 1894
* Museum Schloss Herzberg
* Dennert-Tanne

Auf einen Blick
* 1617 Losentscheid, wer die Welfenlinie fortführen soll
* Georg von Calenberg soll seiner Verlobten Anna Eleonora hier die „freudige" Nachricht überbracht haben

13 Jägerhof

Geo-Kordinaten: 51.651787, 10.332038

Jägerhof Anfang der 1950er Jahre

Der Jägerhof war Rüstkammer und später Forsthaus, erbaut von Christian-Ludwig ,ca. 1657. Er lies auch ein Jagdhaus auf dem Großen Knollen erbauen. Der Jägerhof wurde 1971 abgerissen, musste einer Berufsschule weichen.

14 Ida Arenhold

Geo-Kordinaten: 51.652586, 10.332306

Ida Arenhold (* 11. Oktober 1798 in Herzberg, † 24. September 1863 in Hannover) war die Mitbegründerin und erste Vorsteherin des Krankenhauses Friederikenstift in Hannover. Nach dem Vorbild von Amalie Sieveking entstand in Hannover der erste „Frauenverein für Armen- und Krankenpflege". Ida Arenhold war Initiatorin und erste Vorsitzende von 1840 bis 1863.

Ida war die älteste Tochter von acht Kindern des Hofbeamten Wilhelm Arenhold (1768–1849) und seiner Frau Ilse Leßmann geb. Lueder. Ein Jahr nach ihrer Geburt hier in diesem Haus zog die Familie nach Hannover, wohin ihr Vater versetzt wurde. Im Jahr 1822 starb ihre Mutter nach langer Krankheit, und Ida führte nun den großen Haushalt ihres Vaters.

Auf einen Blick
* Ida A. wurde 1798 im Haus Ochsenpfuhl 21 geboren
* sie war Mitbegründerin und Vorsteherin des Krankenhauses Friederikenstift in Hannover

weitere Info zu Ida Arenhold: Wikipedia

15 Ochsenpfuhl
Geo-Kordinaten: 51.652839, 10.333851

Bei dem **Ochsenpfuhl** handelt es sich um einen Erdfallsee, der durch Verlandungen und bauliche Maßnahmen (Eisenbahn nach Seesen, Druckerei Jungfer) einen Großteil seiner ursprünglichen Größe eingebüßt hat. Er hat keinen Wasserablauf, vermutlich aber eine unterirdische Verbindung zur Rhumequelle. Ob zwischen Juessee und Ochsenpfuhl früher einmal eine Verbindung bestanden hat, bevor der Mühlengraben gebaut wurde, ist zu vermuten.

Der **Sage** nach ist der Ochsenpfuhl durch einen Stier entstanden, der eine Feier an dieser Stelle wutschnaubend auflöste und mit seinen Hörnern ein Loch in den Boden bohrte, aus dem dann das sprudelnde Wasser den Ochsenpfuhl bildete (siehe auch Anhang, Seite 71).

Die „**Siedlung Ochsenpfuhl**" war Teil des Schlosses und des Amts Herzberg. Die Bewohner des Ochsenpfuhl hatten Dienste auf dem Schloss zu erbringen. Das ist ggf. auch der Grund, warum sie nicht zur Grafenforst und zum Flecken Herzberg gehörten.

Die jetzigen Häuser des Ochsenpfuhls sind erst nach 1700 entstanden (Kupferstich Merian von 1654: keine Siedlung am Ochsenpfuhl). Zum Ochsenpfuhl zählten die jetzigen Häuser Ochsenpfuhl. Die beiden unterhalb der Schlossstraße liegenden Häuser (die sog. Hirtenhäuser) gehörten ebenfalls zum Schloss.

Das Haus auf der Spitze Schloßstr./ Weinberg gehörte einem Fuchs, der nach 1850 nach Amerika auswanderte. Er hat Frau und Kinder zurückgelassen. Von ihm hat man nie wieder was gehört.

Amtszimmermeister Rohrmann hat im Ochsenpfuhl ein Haus aus eichenen Balken errichtet, die auf dem Schloss nach einem Brand ausgebaut wurden. Amtszimmermann mit Wohnsitz Ochsenpfuhl stützt die Generalaussage, dass Bewohner des Ochsenpfuhls Dienste auf dem Schloss zu leisten hatten.

Wasserleitung: Der Ochsenpfuhl erhielt bis 1895 Wasser über die Holzwasserleitung aus dem Mühlengraben. Eine öffentliche Zapfstelle war dort, wo der Zimmermannplatz des Amtszimmermeisters Rohrmann lag (Geo-Koordinaten: 51.652398, 10.333588). Mit Anschluss Herzbergs an das Bahnnetz war es erforderlich, den Wasserbehälter am Bahnhof mit ausreichend Wasser zu versorgen. Am Bahnhof Herzberg war bis in die 1950er Jahre noch ein Rinnstein, durch den das aus der Sieber abgeleitete Wasser sprudelte. Es wurde eine Wasserleitung gebaut von der Sieber (Papierfabrik) über Juesholzstr./Lönsstr. bis zum Bahnhof. An diese Wasserleitung wurde der Ochsenpfuhl 1895 angeschlossen.

Die **Realgemeinde** Ochsenpfuhl wurde 1856 im Rahmen von Reformen staatlicher Wälder (Privatisierung) als Forstgenossenschaft gegründet. Weitere Forstgenossenschaften entstanden zu dieser Zeit in Hörden, Elbingerode, Pöhlde, Hattorf, Schwiegershausen usw. Die Forstgenossenschaft Herzberg, jetzt Realgemeinde Ochsenpfuhl, bestand anfangs aus 11 Mitgliedern mit 13 Anteilen. Genossenschaftsanteile waren verkäuflich und wurden auch verkauft. Heute sind nur noch zwei der ursprünglichen Genossen vorhanden.

Die meisten Informationen zum Ochsenpfuhl stammen aus mündlichen Überlieferungen des Herrn **Karl Heinz Wienert**, Ochsenpfuhl 21 in Herzberg.

Ochsenpfuhl im ursprünglichen Zustand ohne Siedlung Ochsenpfuhl; Ansicht vermutlich vor 1700

weitere Info
* Sage vom Ochsenpfuhl: http://www.karstwanderweg.de/publika/sagen/30.htm

Auf einen Blick
* Der Ochsenpfuhl ist ein Erdfallsee, durch bauliche Maßnahmen mittlerweile verkleinert, ohne Wasserzulauf, vermutl. mit der Rhumequelle verbunden.
* Die Siedlung Ochsenpfuhl war dem Schloss angegliedert
* Realgemeinde Ochsenpfuhl: Forstgenossenschaft, im Rahmen der Privatisierung staatlicher Wälder 1856 gebildet.
* Siedlung wurde über Wasserleitung aus dem Mühlengraben und später der Leitung zum Bahnhof Herzberg versorgt

Teil II: Vom Ochsenpfuhl bis zum Schulberg

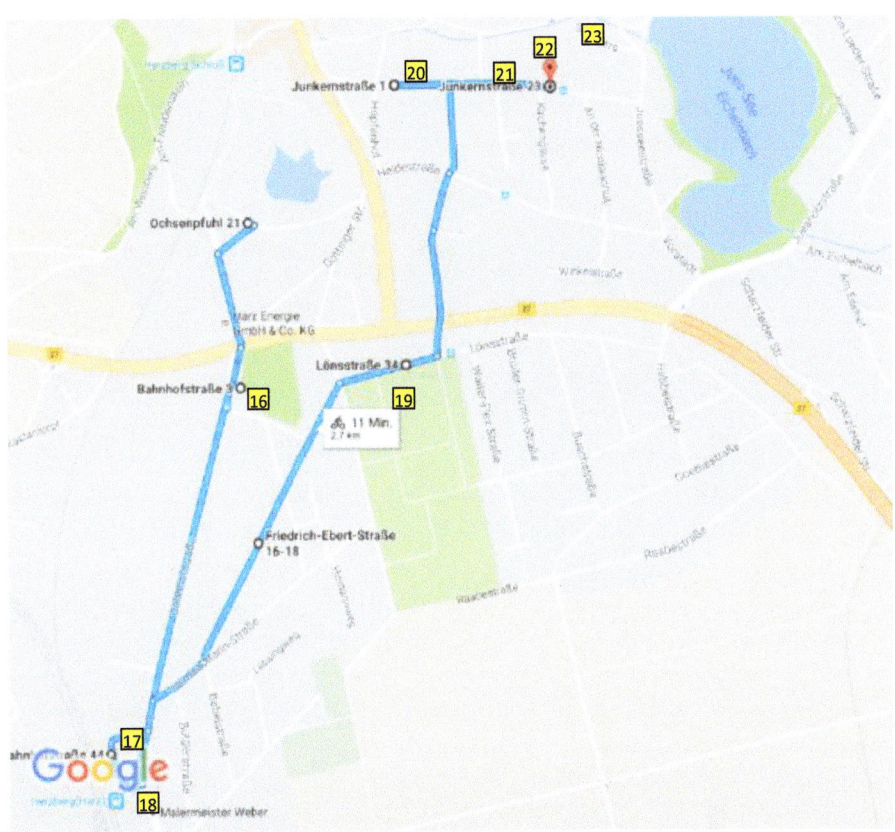

16   Schützenhaus, Sägewerk Kiene (Homann)
17   Bahnhof, Gedenkstein „Todesmarsch"
18   Pleissner
19   Friedhof, Denkmal Amtmann Lueder
20   Ältestes Haus in Herzberg, untere Junkernstraße und Magisterberg
21   Mittlere und obere Junkernstraße
22   Nicolai-Kirche
23   Schulberg, alte Schule

16 Schützenhaus, Sägewerk Kiene (Homann)

Schützenhaus

Geo-Kordinaten: 51.654826, 10.334736

Kleinschmidt: „Von einer Volkslustbarkeit hören wir zuerst, als 1538 Herzog Philipp I. die Bürgerschaft mit dem Schützenfest begnadigte und ihr einen silbernen Hirsch mit silberner Kette schenkte, ein Kleinod, das nachher durch die Schilder der besten Männer vermehrt wurde. 1694 wog es 52 Loth. Da man aber damals noch eine Wiese zum Schützenplatz hinzu kaufen wollte, verkaufte man das Kleinod nebst 16 Schildern (für 25 Thl.?) und ließ einen neuen, einfacheren Hirsch herstellen.

Anlass für den Gnadenakt war die treue Hilfe der Herberger Bürgerschaft bei dem Brand des Schlosses 1510 und beim Wiederaufbau in den folgenden Jahren. Daher war es bis weit in das 19. Jahrhundert hinein nur Herzbergern, die gleichzeitig Reihenhausbesitzer waren, möglich, Mitglied in der Schützengesellschaft zu werden."

Das Schützenhaus wurde 1968 abgerissen, musste dem Neubau der B 27 weichen.

Sägewerk Kiene/Homann

Geo-Koordinaten: 51.649420, 10.332078

Das ehemalige Sägewerk erbaute Kiene 1908. Es war damals das größte Sägewerk im Harz. Das Werk hatte Bahnanschluss und einen Lagerplatz von 7,5 ha, Bauholz und Kistenbretter wurden produziert. Während des ersten Weltkriegs verkaufte die Familie Kiene das Sägewerk an die Firma „Sachsawerke". 1929 wurde das Sägewerk aufgegeben und die Homanit GmbH & Co. KG richtete hier ihr Faserplattenwerk ein. Die Firma Homann zeichnete sich, ebenso wie die Papierfabrik und Pleißner, dadurch aus, dass sie für ihre Beschäftigten Werkswohnungen einrichtete. Hiervon zeugt noch der Homannweg in Herzberg.

Auf einen Blick
* „Schützenfeste" seit 1538 (Gnadenakt)
* Schützenhaus 1968 abgerissen, Neubau
* Sägewerk Kiene ca. 1908-1918, dann Sachsawerke und Homann

weitere Info
* Herzberger Heimat-buch, Schmidt 1921
* Festschrift 475 Jahre Herzberg Schützen-gesllschaft

17 Bahnhof, Gedenkstein „Todesmarsch"

Bahnhof Herzberg: Geo-Kordinaten: 51.644519, 10.330104

Der Bahnhof Herzberg war von Anfang an ein zentraler Bahnknotenpunkt im Südharz.

- Bahnlinie Bodenfelde-Nordhausen erbaut 1868
- Bahnlinie Seesen erbaut 1870/71
- Bahnlinie Bleicherode erbaut 1910/11, inzwischen abgebaut
- Industriebahn Papierfabrik erbaut 1931, stillgelegt 1994

Im zweiten Weltkrieg wurden die Anlagen des Bahnhofs Herzberg mehrfach bombardiert und stark beschädigt. Nach der Teilung Deutschlands nach dem zweiten Weltkrieg konnte die Bahnlinie nach Bleicherode nicht mehr genutzt werden und die Bahnlinie nach Nordhausen war ab Walkenried nur für den Güterverkehr offen. Der Bahnhof Herzberg hatte zu dieser Zeit die Funktion eines Rangierbahnhofs für Güterzüge in die SBZ/DDR oder von dort in die Bundesrepublik.

Gedenkstein „Todesmarsch"; hier die selbsterklärende Inschrift

"Zur Erinnerung – den Opfern der Deportationen
   Am 22. April 1942 um 20 Uhr fuhr der Deportationszug ‚DA 52' mit 941 deutschen Juden von Düsseldorf über Herzberg zum SS-Sonderlager Trawniki bei Lublin. In Trawniki wurden 22.000 Juden ermordet. Bei der Räumung der Lager des

KZ Mittelbau wurden allein am 4./5. April 1945 durch Herzberg 9.000 Häftlinge aus Harzungen, Woffleben und Mittelbau-Dora transportiert. In Viehwaggons gepfercht, tagelang ohne Verpflegung erreichten sie nach 6 Tagen das KZ Bergen-Belsen. Viele erlebten ihre zum Greifen nahe Befreiung nicht mehr. 9 Deportierte, deren Leichen am Gleis nach Scharzfeld gefunden wurden, ruhen auf dem Herzberger Friedhof. Eisenbahnen sind unpolitisch. Das schützt sie nicht vor Missbrauch, machte die Eisenbahnern zu Mitwissern und Mitwirkenden bei den Verbrechen des NS-Staates. Auch Eisenbahner der Südharzstrecke waren hierin verstrickt."

Ende des 19. Jahrhunderts war Herzberg bestrebt, Kurbad zu werden. Man wollte die zentrale Bahnanbindung nutzen und baute verschiedene Fremdenverkehrseinrichtungen auf. Dazu zählte auch das Hotel „Postillion", dass in den 1970er Jahren abbrannte und abgerissen wurde.

Hotel Postellion, **Geo-Kordinaten: 51.644657, 10.330714**

weitere Info
* Herzberger Heimatb., Schmidt 1921
* Matwijow, Herzberg 1933-1945 sowie weitere Bildbände

Auf einen Blick
* Bahnhof 1868 erbaut, Bahnknoten Südharz
* im 2. Weltkrieg stark beschädigt
* Rangierbahnhof für Güterverkehr SBZ/DDR
* im Dritten Reich Durchgang von Deportationszügen (u.A. Todesmarsch 1945)
* „Postillion" Ende 1800 erbaut, abgebrannt

18 Pleissner

Geo-Kordinaten: 51.640096, 10.333257

Das Werk gründete Otto Pleißner 1906. Er übernahm hier eine Schmiede.
Schmidt: "Hier wurde in neuerer Zeit eine kleine Fabrik angelegt. Es sollte in ihr eine besonders wertvolle Eisenlegierung hergestellt werden. Das Unternehmen scheint aber nicht vom Glück begleitet gewesen zu sein; denn bald lag das Werk still. Nach einiger Zeit wurde in dem Gebäude eine Eisengießerei angelegt. Zur Kriegszeit *(1. Weltkrieg)* wurden darin auch Granaten hergestellt, was aber bald wieder aufgegeben wurd, da das dazu verwandte Metall zu weich war. Man ging daher wieder zu anderen Artikeln über. – In dieser Fabrik sind in den Kriegsjahren auch französische Gefangene beschäftigt gewesen. Diese Fabrik ist schon während des (1.) Weltkrieges, aber noch mehr nach demselben bedeutend vergrößert."

Matwijow, Rüstungsproduktion im Dritten Reich: Es wurde Munition über 2 cm für schwere Infantrie, Flak, PAK sowie Nebelwerfer und Kettenantriebsgehäuse für Panzer Tiger hergestellt. Gesamtbelegschaft am 01.02. 1944: 802, davon 200 – 300 kriegsgefangene Russen, Franzosen und Italiener. Am 06. April 1945 wurde

bei einem Bombenangriff auf den Bahnhof Herzberg die Bahnanlagen und das Werk weitgehend zerstört (Explosion eines Munitionszuges). Nach dem zweiten Weltkrieg spezialisierte sich die Firma auf hochwertigen Spezialguss. Für die Arbeiter und Angestellten errichtete die Firma in der „Aue" Werkswohnungen (Otto-Pleißner-, Stahl-, Former-, Ulmenstraße). Der Firmenbesitz wechselte bis heute mehrfach.

weitere Info
* Herzberger Heimatb., Schmidt 1921
* Matwijow, Herzberg 1933-1945 sowie weitere Bildbände

Auf einen Blick
* Das Werk, 1906 gegründet, lag bald still
* im 1. Weltkrieg Rüstungsproduktion, franz. Gefangene wurden beschäftigt
* ab 1930: Werk wird bedeutend erweitert
* im 2. Weltkrieg erneut Rüstungsproduktion, 200-300 Gefangene werden eingesetz
* 1945 weitgeh. zerstört nach Bombenangriff

19 Amtmann Lueder

Geo-Kordinaten: 51.649816, 10.337677

Gedenksäule Lueder auf dem Friedhof Herzberg

Auszüge aus der Chronik von 1894: F.L.A. Lueder wurde 1770 als erster Beamter in Herzberg angestellt. Als Lueder die Verwaltung der Domäne übernahm, hatte er wenig Aussicht auf Erfolge. Die Felder brachten geringen Ertrag, die Wucherblume richtete grossen Schaden an, die Viehzucht war vernachlässigt. Aber es gelang seiner Ausdauer, die Wucherblume gänzlich auszurotten. Die Schafzucht wurde bis zu einem vorzüglichen Grade vervollkommnet, Kleebau wurde verbreitet, manche ökonomische Besserung eingeführt, die auch dem Ort zu Gute kam. Lueder war mit Gemeinsinn und Wohlthätigkeitssinn geschmückt, das war besonders wertvoll. Die französische Einquartierung in Herzberg im Rahmen der Napoleonischen Kriege dauerte fast zwei Jahre. Auf dem hiesigen Vorwerke wurde für die Bevölkerung gekocht: Erbsen, Grütze, Linsen, Kartoffeln und alles unter einander und Brot eingeschnitten. Da kriegte einer zur Notdurft ein Maß mit etwas Schweinefleisch für 4 Pfg. Täglich wurden 800 bis 1000 Personen gespeist. Es kamen auch viele Leute von den Dörfern, holten sich Essen. 1807 war ein Armenhaus im Bau. Infolge der politischen Umwälzung geriet die Sache in Stocken. Lueder übernahm die Fertigstellung und opferte 800 Th. dafür. Auch sonst bewies er seine Opferwilligkeit. Teile der Einwohner pflegten damals wöchentlich einen bestimmten Beitrag an Armenkasse zu zahlen. Die meisten sahen sich jedoch genötigt, den Beitrag herabzusetzen. Lueder meinte, nun sei die Hülfe doppelt erforderlich, erhöhte seine Wochengabe von 1 Th. 12 mgl. auf 3 Thaler. Außerdem schenkte er an einzelne, ihm besonders bekannte Arme, um die er sich übrigens auch persönlich zu bekümmern pflegte. Sein großes Verdienst war die Befreiung der Herzberger Bürger von Hand- und Spanndiensten.

> **Auf einen Blick:** Lueder wirkte in Herzberg von 1770 bis 1811 Seine Verdienste:
> - Reform des Ackerbaus und bessere landwirtschaftliche Erträge
> - Abschaffung Hand- und Spanndienste
> - Bau eines Armenhauses
> - Großzügige Unterstützung der Armen, Armenspeisungen

> weitere Info
> * Chronik Kleinschmidt von 1894
> * Grohmann, Herzberger Wirtschafts- und Sozialgeschichte

20 Ältestes Haus in Herzberg, untere Junkernstraße, Magisterberg

Geo-Kordinaten: 51.654189, 10.337699

Das Haus **Junkernstr. 9** wurde 1501 erbaut (Schriftbalken über ehem. Eingangstür) und 1594 verändert. Zu den Schriftzügen auf den Umlaufbalken sind Erläuterungen auf einer Informationstafel am Haus vorhanden. Die Inschriften und Schnitzereien sprechen für sich: Sonnenzeichen, Lebens- und Glückslinien. Über die ehemaligen Bewohner ist nichts bekannt.

Bild: Hotel Kronprinz (50er Jahre)

Dem ältesten Haus gegenüber stand das **Hotel Kronprinz**. Es trug im vorigen Jahrhundert den Namen "König von Hannover" und war ein beliebtes Herzberger Hotel, Treffpunkt der Honoration, ein gern besuchtes Hotel von Geschäftsreisenden. Es hatte eine eigene Kegelbahn und verfügte über einen Fuhrpark, war zwischenzeitlich auch Poststation. Um 1970 eröffnete der Gastwirt Schulze (Landhaus Schulze) die Diskothek „Köthe" in diesem Haus. Im März 1981 wurde das Gebäude durch zwei Brandstiftungen stark beschädigt, dann 1981 abgerissen. Die angrenzende Gasse zur Heidestraße, die Peimannsgasse, ist nach einem der ehemaligen Hotelbesitzer benannt. 1886 war der Kronprinz in den Händen des Zahntechnikers Gamm. Weitere Besitzer: Peimann, Brüggmann und W. Bierwirth.

ehemalige Kupferschmiede (1973)

Die **„Kupferschmiede"**, das ehemalige Haus Junkernstr. 2 (Geo-Koordinaten: 51°39'14.6"N 10°20'12.3"E), wurde vermutlich ebenfalls 1501 gebaut. Das Gebäude soll eine Brauerei, eine Schnapsbrennerei und eine Tanzdiele beherbergt haben, dann wurde sie als Kupferschmiede und ab 1921 als Zigarrenladen genutzt. 1978 ist das Gebäude ein Raub der Flammen geworden.

In der **Gewehrfabrik Störmer** (Hof Junkernstr. 1, Geo-Kordinaten: **51.654269, 10.336368**), 1826 bis 1925 betrieben, arbeiteten anfangs 21 Arbeitern. Nach einer Klage des Gewehrfabrikanten Crause wurde die Anzahl der Arbeiter auf 8? festgesetzt (Klose).

Kleinschmidt: "Die Hofrustmeister Aug. Störmer und Revisor Ad. Störmer zeichneten sich besonders durch ihre Industrie und Kunst aus. Bei den Kunst- und Gewerbe-Ausstellungen zu Hannover erhielten die Herzberger Gewehre zweimal den ersten Preis. Auf Bestellung wurden Doppelgewehre selbst zu 800-1000 Thlr. hier angefertigt. Eine große Menge Flinten und Säbelklingen standen stets zu Gebote. Das Eisen zu diesen wie den folgenden Sachen lieferte die Königshütte", sagte derselbe Gewährsmann Ey.

Klose: *Störmer kaufte seine Gewehrläufe in niederländischen und preußischen Fabriken.*

Weitere Gewehrfabriken in Herzberg (nach Klose):
- **Tanner** -> ging nach Hannover, 14 Arbeiter
- **Schloßmacher Weber** -> 5 Arbeiter
- **Klawitter** (Sieberstr. 29/Biermann) -> Näheres nicht bekannt
- **Ebbeke** (Sieberstr. 33/Picht) -> Antrieb seiner Maschinen durch ein Hunderad, Näheres nicht bekannt

Magisterberg 1 (Wohnhaus Nitsch, Geo-Kordinaten: **51.654382, 10.335178**):
Das Fachwerkhaus muss vor 1650 entstanden sein, da ab 1650 für das Haus Wegerechte über das benachbarte Grundstück eingetragen sind. In den Kellerräumen befand sich eine offene Esse. Hier war bis 1866 die sog. Kürassierschmiede. Die in Herzberg und in den umliegenden Ortschaften stationierten Hann. Kürassiere

ließen hier die Pferde beschlagen und andere Schmiedearbeiten an ihrem Gerät verrichten. Im Nebenhaus war eine Holzschachtelmacherei (Zierschachteln).

Kath. Pfarramt (Magisterberg 5, Geo-Kordinaten: 51.654283, 10.335778)
Um 1700 war Besitzer Hütteninspektor Hartig, um 1730/50 betrieb hier Häseler eine Tuchfabrik, um 1830 Konduktor Schmidt. 1857 wurde das Haus von der kath. Gemeinde als Reihenhaus mit Nebengebäude und Stallungen erworben. Es diente der kath. Gemeinde als Betsaal, Schule und Wohnhaus für Pfarrer und Lehrer. Nach dem Bau der St. Josefs Kirche war der Betsaal achtklassige Konfessionsschule (60 Schüler in einem Raum). Im Pfarrhaus befindet sich ein sehenswerter Treppenaufgang mit sehr schöne Schnitz- und Drechselarbeit. Die nebenan stehende katholische Kirche wurde 1895 geweiht.

Pfarrhäuser: Ein Pfarrhaus war schon 1551 vorhanden, aber über die Lage ist nichts bekannt. Herzog Heinrich Julius schenkte Generalsuperintendenten Steinmann Land und Holz zum Hausbau und 1622 stellte ihm Herzog Georg einen Freiheitsbrief aus. Das Haus lag in der Langenstraße, 1677 abgebrannt (Peter Fiedler, Achim: Hauptstr. 36). Weitere Pfarrhäuser waren in der Junkernstr. ehemals das Rekelsche Haus (Nr. 14) und das **Wangenheimsche Haus** (Junkernstr. 5), ehemals Lehens(Ritter)hof, angekauft 1803, zuletzt Superindentur (Geo- Koord.: 51.654396, 10.337098).

Bei den von Wangenheimern handelt es sich um ein thüringisches Uradelsgeschlecht, deren Mitglieder als Staatsdiener, Diplomaten oder Offiziere, auch in Diensten der Fürsten und Könige von Hannover, standen.

Auf einen Blick:
- **Junkernstr. 9**: ältestes noch erhaltenes Haus Herzbergs
- **Hotel Kronprinz**, ehem. Hotel „König von Hannover", beliebtes Hotel, 1970: Discothek „Köthe", Brandstiftung, 1981 abgerissen
- **Kupferschmiede** (Junkernstr. 2): ebenfalls 1501 erbaut, war Brauerei, Brennerei, Tanzdiele, dann Kupferschmiede, 1978 abgebrannt.
- **Gewehrfabrik Störmer** (Junkernstr. 1), von 1826 – 1925 als Gewehrfabrik, hochwertige Jagdwaffen
- **Magisterberg 1**: vor 1650 erbaut, bis 1866 Kürassierschmiede im Keller, Holzschachtelmacherei
- **Kath. Pfarramt**: um 1700 erbaut, 1730/1750 Tuchfabrik, ab 1857 kath. Gemeindehaus, Konfessionsschule (8klassig, 60 Schüler in einem Raum)
- **Wangenheimsches Haus**: ehem. Ritterhof, zuletzt Superindentur

weitere Info
* Chronik Kleinschmidt von 1894
* Grohmann, Herzberger Wirtschafts- und Sozialgeschichte
* Herzberger Heimatb., Schmidt 1921
* Klose, Beiträge zur Geschichte der Herzberger Gewehrfabrik
* Füllgrabe (Brommes), Teipel: Rechts und links vom Mühlengraben

21 Mittlere und obere Junkernstraße

Das Haus **Junkernstr. 12**, der ehemalige **Holzapfelsche Hof**, wurde 1970 abgerissen, war einmal Posthalterei. Als Posthalter wird ein Zellmann genannt. **Kleinschmidt** schreibt hierzu: „Nur einige Freihäuser (so z. B. das Zellmannsche, jetzt Holzapfelsche Haus an der Junkernstraße) waren leistungsfrei." (Geo- Kordinaten: 51.654130, 10.337993).

Holzapfelscher Hof

Der Rekelsche Hof, **Junkernstr. 14**, ein ehemaliger Lehnshof, soll mal Pfarrhaus und Superindentur gewesen sein.

Das Haus **Junkernstr. 16**, das früher einen Balkon hatte, gehörte einst Dr. Müller. Als Sanitätsrat waren hier außerdem Dr. Neuß und Dr. Kirchner tätig.

(Geo- Ko.: 51.654163, 10.339120).

Junkernstr. 16

Das Böttchersches Haus, **Junkernstr. 19**, um 1900 erbaut von Lehrer und Organist Reese, war anfangs Lehrerdienstwohnung.

Die **Nicolai-Schule** (Geo- Koordinaten: 51.653953, 10.340493) wurde am 31.Juli 1905 nach nur 15 Monaten Bauzeit eingeweiht, die Schule am Schulberg aufgegeben. Der Hof **Junkernstraße 32** (Dreger) war ehemals Lehnshof.

---

weitere Info
* Chronik Kleinschmidt von 1894
* Herzberger Heimatbuch, Schmidt 1929

Auf einen Blick:
- Mehrere Lehnshöfe (teilw. erh.), Posthalterei
- Junkernstr. 16 ehem. „Ärztehaus"
- Nicolai-Schule, erbaut 1905

22 Nicolai-Kirche

Geo- Koordinaten: 51.654565, 10.340364

Nicolaikapelle und Gemeindefriedhof: nach Chronik Grohmann war 1616 eine Kapelle auf dem Gemeindefriedhof als Totenkapelle errichtet. Der Friedhof war, so Schmidt, neben der Kapelle, ein Teil des Schulhofs war ebenfalls Friedhof. Die Kapelle wurde 1647 abgerissen und 1656 durch eine größere, an den Turm gebaut (der Turm stand also 1656 schon), ersetzt. Turm und Kapelle waren Eigentum der Gemeinde. Der Kirchturm wurde in den Neubau der **Nicolaikirche** 1841 integriert. Die Kirche wurde am 03. August 1845 eingeweiht.

Schmidt schreibt in seinem Heimatbuch: „In der neusten Zeit (nach 1912) ist auch elektrisches Licht hineingelegt und für die Bälge der Orgel ein elektrischer Motor angelegt. Leider aber hat man in den sonntäglichen Gottesdiensten keinen Nutzen davon, da an den Sonntagen das Licht- und Kraftwerk in Osterode nicht arbeitet."

Im ersten Weltkrieg mußte eine Glocke abgeliefert werden; Prospektpfeifen der Orgel wurden gestohlen.

Im Turm wohnte ein Turmwächter, der zugleich Kirchendiener und Totengräber war. Um das Jahr 1885 war es Rakebrand. Ihm folgte Hermann Holzapfel, der Bruder des damaligen Schulwärters Emil Holzapfel.

Die Kirche besitzt zwei historische Kostbarkeiten: das Taufbecken aus der ehemaligen Schloßkapelle, in dem schon ehemalige Fürsten getauft wurden, und eine herrliche Engelhardt-Orgel.

Die Hannoverschen Könige sowie Herzog Ernst-August von Cumberland fühlten sich der Nicolai-Kirche verbunden und unterstützten den Neubau sowie Renovierung und Ausstattung kräftig.

Fürstengruft (Ostflügel der Nicolai-Kirche)

Hier ruhen die „verstoßenen" Söhne des Herzogs Ernst August, Friedrich August (✝1691) und Christian (✝ 1703), im Türkenkrieg und im spanischen Erbfolgekrieg gefallen. Die beiden hier bestatteten Söhne hatten sich mit ihrem Vater Ernst-August überworfen, als sie sich gegen ihren Vater erhoben und die Primogenitur (Erbfolge zu Gunsten des Erstgeborenen) ablehnten. Die Primogenitur war Vorraussetzung für das Fürstenhaus Hannover, den Kurfürstenstatus zu erhalten und so den Einfluß des Hauses Hannover in Deutschland zu erhöhen. Wegen dieser Haltung wurden sie demonstrativ aus der Familiengruft in Hannover ausgeschlossen.

weitere Info
* Chronik Kleinschmidt von 1894
* Herzberger Heimatbuch, Schmidt 1929
* Grohmann, Herzberger Wirtschafts- und Sozialgeschichte

Auf einen Blick:
• Bereits 1616 Friedhofskapelle
• 1841 Beginn Neubau Nicolai-Kirche
• 1845 Einweihung der Nicolai-Kirche
• Fürstengruft

23 Schulberg, alte Schule   Geo- Kordinaten: 51.654811, 10.341276

Kleinschmidt: „Die Kirchenordnung des Herzogs Philipp von 1544: Kinder sind zur Schule zu halten, besonders auch der Religion halben. Herzog Wolfgang stiftete neben der späteren Bartholomäikirche um 1580 eine „feine Schule". Sie hat bis 1750 gestanden. Es herrschte kein Schulzwang und Mädchen gingen damals anscheinend überhaupt nicht zur Schule."

1698 wurde die neue Schule am Schulberge gebaut. Als die Kinder 1699 einzogen, teilte man sie in 4 Klassen. 1806: 158 Jungen = 2 Lehrer, 201 Mädchen = 1 Lehrer. Noch 1838 hatte ein Lehrer in seiner Klasse viele Jahre lang 230 Kinder. Nach 1893 gelang es erstmals, durch Einstellung von Lehrern die Schülerzahlen in den Klassen unter 70 zu senken. Mit dem Neubau der Nicolai-Schule wurde 1905 die Schule am Schulberg aufgegeben.

Die Überschrift der Schultür der Schule von 1698 (übersetzt):
Der heiligen Dreieinigkeit sei dieses Gymnasialgebäude geweiht. Erbaut im Monat September im Jahre 1698. Unter dem Amtmann E.A. Cnorr und dem Bürgermeister Wallis. Lerne leben, lerne sterben!

weitere Info
* Chronik Kleinschmidt von 1894
* Herzberger Heimatbuch, Schmidt 1929
* Grohmann, Herzberger Wirtschafts- und Sozialgeschichte

Auf einen Blick:
- 1544 erstmals Schule in Herzberg
- Schule am Schulberg 1698 eingeweiht
- Bis 1900 wenig Lehrer, viele Schüler, große Klassen
- 1905 Neubau der Nicolai-Schule

Herzberg ca. 1935 (oben)   und 2005 (unten)

Teil III: Oberherzberg; vom Schulberg bis zum Kurpark

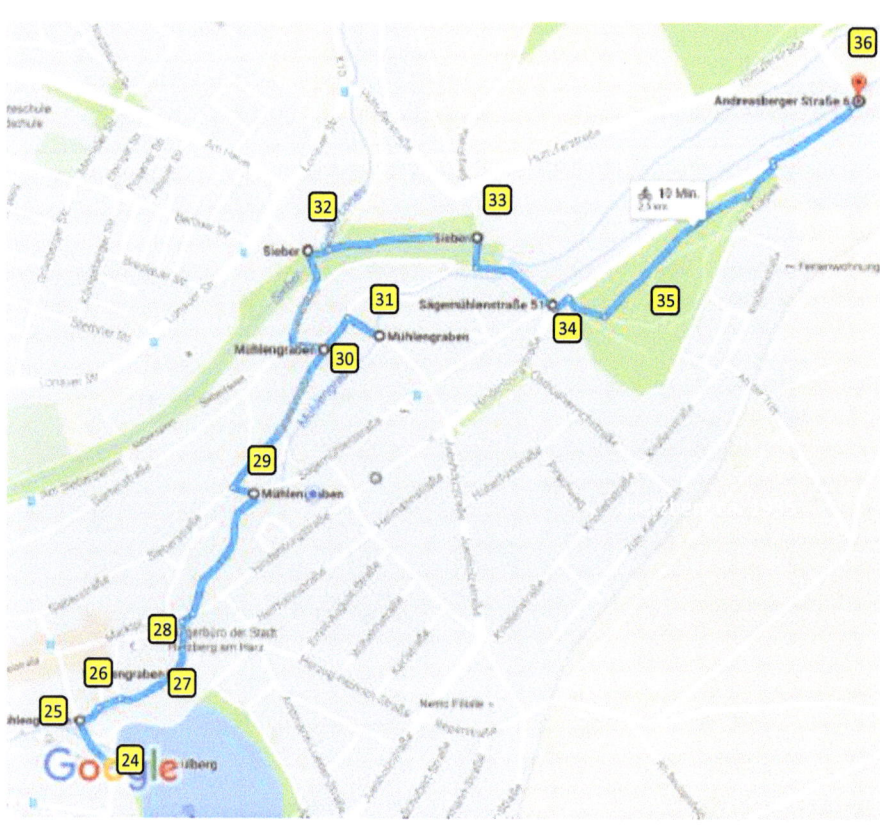

24	Juessee, Juesseedamm
25	Flecken-Brauhaus
26	Levin-Westermannsche Wollweberei, Feilenhauerei Reck & Sohn ...
27	Nagelschmiede
28	Brandwein-Brennerei, Rathaus, Feuerwehrhaus
29	Sägemühle Kiene und Orgelbauer Engelhardt
30	Gewehrfabrik
31	Blankschmiede
32	Papiermühle
33	Lonauerhammerhütte
34	Kurhaus
35	Kurpark
36	Kupferhütte und fiskalische Sägemühle

24 Juessee, Juesseedamm   Geo- Kordinaten: 51.654785, 10.342321

Wann Juesseedamm und Juesseegraben angelegt wurden, ist nicht bekannt. Über den regulierten Juessee sollte sichergestellt werden, dass auch im Winter genügend Wasser für die Mühlen vorhanden war.

Entstanden ist der Juessee durch zwei Erdfälle vor ca. 12000 Jahren. Durch Sedimentuntersuchungen konnten erste Besiedlungsspuren vor ca. 7.600 Jahren nachgewiesen werden. In der Eisenzeit/römische Kaiserzeit war die Besiedlung dichter, verschwand dann aber komplett. Eine neue Besiedlung hat es vermutlich erst wieder seit dem Mittelalter gegeben.

Weitreichendere geologische und geogeschichtliche Informationen sind bei Dagmar Schwarzer, „Streifzug durch Herzberg ..." sowie unter www.karstwanderweg.de zu finden.

Neben dieser geologisch-geschichtlichen Betrachtung hat der Juessee auch Einzug in die Sagen- und Mythenwelt gehalten. Es soll einst ein Schloß im See auf den Fluch eines Bettlers versunken sein.

weitere Info
* Grohmann, Herzberger Wirtschafts- und Sozialgeschichte
* Schwarzer, Streifzug durch Herzberg...
* www.karstwanderweg.de

Auf einen Blick:
- See entstand aus 2 Erdfällen vor 12000 J.
- Erste Besiedlungsspuren liegen 7600 Jahre zurück
- Juessee diente im Rahmen der Wasserwirtschaft als „Wärmespeicher"

25 Flecken-Brauhaus   Geo- Kordinaten: 51.655317, 10.341393

1659 erteilte Herzog Wolfgang dem Flecken das Recht, Bier zu brauen, zugleich auch eine Konzession zum Weinausschank mit der Auflage zur Lieferung von Abendmahlswein für die Kirche. Herzberg hatte derzeit 130 Häuser auf denen das Braurecht lag. Ein jeder braute für sich, d. h., für den Eigenbedarf, gemeinsam bildete man jedoch eine Braugilde. 1695 war der Baubeginn eines neuen Brauhauses, das parallel zum Mühlengraben, zwischen den heutigen Mühlengrabenbrücken lag. Das Brauhaus stand bis 1904, war zwischenzeitlich aber lange Zeit als Branntweinbrennerei verpachtet.

Zum Erwerb einer neuen kupfernen Braupfanne leiht die Braugilde sich 1697 300 rthl. Per Unterschrift und Siegel bürgen drei Einwohner mit ihrem Privatvermögen, Hausbesitz und Ländereien. Dieses Schriftstück, 6-fach gesiegelt, ist im Herzberger Stadtarchiv einzusehen.

Um 1800 trank jeder Einwohner durchschnittlich 400l Bier im Jahr. Dieses Bier hatte einen vergleichsweise geringen Alkoholgehalt und war im Vergleich zum Wasser keimfrei. Es wurde auch als Getränk für Kinder und zum Kochen genutzt.

weitere Info
* Grohmann, Herzberger Wirtschafts- und Sozialgeschichte
* Rudolf Teipel, Der Mühlengraben – Einst Herzbergs Lebensader
* Schwarzer, Streifzug durch Herzberg...

Auf einen Blick:
- 1659 Braurecht durch Herzog Wolfgang
- 1695 Baubeginn des Brauhauses
- 130 Häuser hatten Braurecht
- 1800: je Einwohner wurden 400l Bier im Durchschnitt getrunken
- Brauhaus 1904 abgerissen

26 Levin-Westermannsche Wollweberei, Feilenhauerei Reck & Sohn ...

Geo- Kordinaten: 51.655382, 10.342136

Die Wollweberei

Unterhalb der Nagelschmiede, zwischen Juessee-Ein- und Ausfluß des Grabens, lag die **Wollweberei** Levin & Westermann (vermutlich errichtet 1846), später Ohe & Co., dann Esch & Co. Laut alten Berichten wurde hier Beiderwand mit breiter Kante und wollenem Schuß gewebt. Die Weberei Ohe & Co. vergab auch Webarbeiten, die in den

Weberei von der Ohe, um 1910

Häusern der Weber ausgeführt wurden (die Familie Ehrhardt in der Heidestraße hatte vier Webstühle im Haus). Der Wochenlohn eines Webers betrug 7 Mark.

Nach der Übernahme des Betriebes durch Fölsch wurde der Betrieb als Wollpelzerei genutzt. Zu gewissen Zeiten kamen Frauen mit Kiepen, zum Teil weit herkommend, um dort Wolle pelzen zu lassen. Bei dieser Arbeit wurde das Wasser durch abfallende Wollreste verschmutzt, so daß sich die unteren Wasserrechtler über ein Festlaufen ihrer Wasserräder beschwerten. Fölsch mußte daraufhin eine Wasserberuhigungsanlage errichten und konnte nur zu bestimmten Nachtzeiten bzw. an Feiertagen sein Brauchwasser in bestimmten Mengen in den Graben ablassen. Stauung und Abflußgefälle betrug hier 2 m. Der anfängliche Wasserradantrieb wurde von Dampfantrieb abgelöst.

Die Fabrik ist einmal teilweise niedergebrannt. Im Fabrikschornstein, ungenutzt und mit einem Storchennest gekrönt, ist einmal ein Blitz eingeschlagen.

Die Feilenhauerei

Die Familie Reck betrieb schon um 1740 eine Handfeilenhauerei in der nach ihr benannten Reckengasse, verlegte um 1920 die Feilenhauerei an den Mühlengraben und errichtete dort eine mechanische Feilenhauerei. Nach Reck & Sohn folgte die Fa. Wilkesmann, später Junge.

Die Arbeit des Feilenhauens per Hand war schwierig und mühselig, die von dem Ausführenden höchstes Können und Konzentration erforderte.

Die Rohfeile, der noch unbehandelte Stahl, lag auf einem Amboß. Millimeterweise drang der von einem ca. 5 kg schweren Hammer geschlagene Breitmeißel in das Material ein. Die Kunst des Handfeilenhauens umfaßte nicht allein den gleichmäßigen Abstand von Hieb zu Hieb, sondern auch die gleichmäßige Tiefe des Meißelhiebes im Material. Nach dem Hauen wurde das Werkstück gehärtet und war dann gebrauchsfertig. Beim mechanischen Feilenhauen lag das zu bearbeitende Material wie bei der Handhauerei auf einem Bleibett, statt des Ambosses war eine feste Auflage im Maschinensystem. Der Hauvorgang erfolgte durch den maschinellen Antrieb schneller und ersparte die Muskelkraft. Im mechanischen Betrieb wurden verbrauchte Feilen im Glühofen ausgeglüht, d. h., dem verbrauchten Werkstück die Härte genommen. Auf großen Schleifsteinen wurde dann der alte Hieb abgeschliffen, und das Werkstück konnte ein weiteres mal gehauen werden. Beim Schleifen mußte auf gleichmäßige Stärke geachtet werden, da sonst der spätere Hieb unregelmäßig wurde, die Feile dann nicht feilte, sondern riß.

weitere Info
* Grohmann, Herzberger Wirtschafts- und Sozialgeschichte
* Rudolf Teipel, Der Mühlengraben – Einst Herzbergs Lebensader
* Schwarzer, Streifzug durch Herzberg...
* Video „Feilenhauer" im Schlossmuseum

Auf einen Blick:
• Wollweberei Levin & Westermann, später Ohe Co., dann Esch Co seit 1846
• Später Wollpelzerei
• Familie Reck fertigte schon um 1740 Feilen, verlegte den Betrieb 1920 an den Mühlengraben

27 Nagelschmiede   Geo- Koordinaten: 51.655855, 10.343939

An der Rückfront des Rathauses, vor der ehemaligen Nagelschmiede, befindet sich im Grabenbett des Mühlengrabens eine **massive Doppelschleuse**, durch die das Grabenwasser wintertags zwecks Erwärmung durch den Juessee geleitet wurde. Zwei im unteren Juessee-Damm eingebaute Gerenne leiteten das Wasser nach Durchlauf ins Grabenbett zurück. In Frostzeiten, allgemein zwischen Martini und Ostern, hatte die zwischen Ein- und Ausflußstellen liegende Weberei, später mechanische Feilenhauerei, kein Wasserrecht. Hauptwasserrechtler waren die unterhalb liegenden Mahlmühlen.

Die **Nagelschmiede** „Am Dornenklimp" (1800-1901 Dornklimp) erwarb Arendt 1901, war Nagelschmiede bis 1912, dann Möbeltischlerei, danach Brillenschleifer Witte. Die Nagelschmiede wurde 1991 abgerissen.

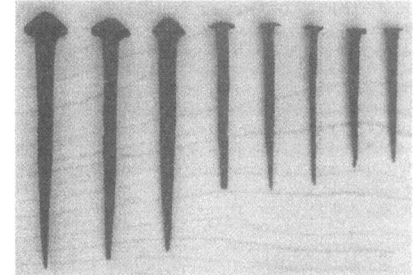

Handgeschmiedete Nägel, beim Umbau des katholischen Gemeindehauses gefunden

Wie wurde in der Nagelschmiede gearbeitet? Rundeisenstücke wurden gelängt und nach Erwärmung in der Esse, je nach Stärke der zu produzierenden Nägel, beidseitig zu länglichen Vierkantspitzen ausgeschmiedet, dann auf einem Schroter getrennt. Mit der Vierkantspitze voran wurden diese Rohlinge in ein mit konischen Vierkantlöchern versehenes Nageleisen gesteckt und das aus dem Nageleisen herausschauende Endstück - ähnlich dem Nieten - mit Hammerschlägen zur Nagelkopfform geschmiedet. Hufnägel wurden nicht in quadratisch vierkantiger, sondern in flacher Vierkantform wie andere Nägel gearbeitet: nur der

Nagelkopf wurde mittels eines Stauchers, der innen die Form eines Nagelkopfes hatte, durch Stauchen geformt. Schuhnägel, sog. Katzenköpfe, die - unter Arbeitsschuhe genagelt - ein zu schnelles Ablaufen der Schuhsohlen verhinderten, wurden einzeln gefertigt. Das Rundeisen wurde an der Amboßkante abgesetzt, verjüngt und zur Nagelspitze geschmiedet, auf dem Schroter getrennt. Auf dem Nageleisen wurde mittels eines Stauchers der Kopf geformt. Ein guter Nagelschmied fertigte in einer Wärme (Glut) drei Nägel.

weitere Info
* Grohmann, Herzberger Wirtschafts- und Sozialgeschichte
* Rudolf Teipel, Der Mühlengraben – einst Herzbergs Lebensader
* Schmidt, Herzberger Heimatbuch 1929

Auf einen Blick:
- Doppelschleuse-Einlass zum Juessee
- 1800-1901 Nagelschmiede Dronklimp
- 1901-1912 Nagelschmiede Ahrend
- Danach Möbeltischlerei und Brillenschleiferei Witte
- 1991 abgerissen

28 Brandwein-Brennerei, Rathaus, Feuerschutz

Geo- Kordinaten: 51.656319, 10.343555

1887, das Datum der Bilder, wurde in den Gebäuden zwischen Nagelschmiede und Markt (jetzt Stadtverwaltung) eine **Branntweinbrennerei** betrieben. Die Eigentümer wechselten mehrfach. Der letzte Eigentümer war ein Herr Schmidt. Nach 1920 zog das Finanzamt in die Gebäude ein. Das Rathausgebäude auf dem Marktplatz war ursprünglich Spritzenhaus. Das Gebäude wurde 1822 errichtet und ging auf eine Verordnung der Landesregierung von 1754 zurück, nach der alle Ämter des Landes Feuerlöschgeräte vorrätig zu halten hatten. Am 5. Dezember 1875 wurde die freiwillige Feuerwehr gegründet. Ein Umbau des Spritzenhauses erfolgte 1881. Nach dem Umzug der Feuerwehr 1905 in die neuen Gebäude „Am Spritzenhaus" wurde das Feuerwehrhaus am Markt zum Rathaus umgebaut.

Dem Feuerschutz dienten die an der Mühlengrabenbrücke oberhalb des Marktplatzes und an einigen anderen Stellen eingerichteten Wasserabflüsse für Gossen. Früher flossen in der Hauptstraße, Sieberstraße, an der kleinen Sieber und durch Gartengelände kleine Gossen, deren Wasser für Gärten und vieles Andere genutzt wurde. Bei Bränden konnte der Wasserzufluß in den Gossen durch Stauungen des Mühlengrabens verstärkt werden, so daß Löschwasser schnell zur Hand war. Diese Wasserablässe

Schmiede Wagener

nutzten die Anlieger aber auch handwerklich, zum Beispiel die Schmiede Wagner zum Ablöschen der geschmiedeten Eisen. Daneben wurden die Gossen sicher auch zur Reinigung der Straßen, zum Beispiel der Hauptstraße, genutzt. Es gab eine Verordnungen zur Sauberhaltung, bzw. Verbote für eigenmächtige Stauungen.

Ob diese Gossen wohl der Anlaß des Spitznamens "Herzberger Gotenschieter" sind?

Auf dem weiteren Weg entlang des Mühlengrabens kommen wir an der links liegenden ehemaligen Feilenhauerei Engelke vorbei, wo noch in den 1950er Jahren Feilen in Handarbeit hergestellt wurden.

weitere Info
* Grohmann, Herzberger Wirtschafts- und Sozialgeschichte
* Matwijow, Fotobände
* Füllgrabe (Brommes), Rechts und links vom Mühlengraben

Auf einen Blick:
- 1877 am Markt Branntweinbrennerei
- 1822 Bau des Spritzenhauses am Markt
- 1881 Umbau Spritzenhaus
- Rathaus nach Umzug der Feuerwehr in die Straße „Am Spritzenhaus"
- Wasserablässe des Mühlengrabens dienten Brandschutz, wurden aber auch anders genutzt

29 Sägemühle Kiene und Orgelbauer Engelhardt
Geo- Kordinaten: 51.658549, 10.346261

Das Recht, eine Mühle anzulegen, war dem jeweiligen Herrscher vorbehalten. Die Amtssägemühle lag an der Sieber oberhalb Herzbergs und hat schon um 1650 herum bestanden. Da die Sägemühle nicht ausreichend Bretter und Balken liefern konnte, stellte der Ölmüller Kiene 1786 den Antrag, eine Sägemühle zu errichten. Dieser Antrag wurde abgelehnt. Am 29. November 1793 wurde der Gemeinde dann gestattet, eine Sägemühle zu bauen. Kiene baute diese Mühle am Mühlengraben in Höhe des Juessee-Auslaufs (später Wollweberei und Feilenhauerei). Um den Betrieb der Sägemühle gab es viele Auseinandersetzungen, da der Witwe Kiene unterstellt wurde, sie verstoße gegen die Konzession.

Sägemühle Kiene, Ansicht von der Hindenburghstraße

Im unteren Bereich der Sägemühlenstraße entstand dann später das Sägewerk Kiene (1865 Heinrich Wilhelm Kiene, ab 1898 Gebrüder Kiene). Das Sägewerk lag grabenseitig zur Sägemühlenstraße, Zufahrt zum Werk von der Hirtenstraße, heute Hindenburgstraße. Anfangs wurden die Sägen über ein Wasserrad angetrieben, dann über Turbinen- und Dampf. Stauung und Abflußgefälle 2.5 m. An drei Gattern wurden bis zur Herzberger Landverkopplung Bauholz und Bretter geschnitten, dann ein weiteres Sägewerk in der Bahnhofstraße, heute Homann, errichtet. Der Sägewerkbetrieb in der Hindenburgstraße wurde 1938 eingestellt, danach Koppenhauer Möbelbau. 1951 begann der Bau der Molkerei auf dem Gelände des Holzlagerplatzes.

Im Kellergebäude des gegenüberliegenden Gebäudes (ehemals Baustoff Köthe) war eine Feilenschleiferei mit eigenem Wasserradantrieb. Hier wurde verbrauchten (stumpfen) Feilen nach Ausglühen der Hieb abgeschliffen. Sie konnten dann ein weiteres Mal gehauen werden. Dieses Gebäude brannte 1884 ab, wurde dann wieder aufgebaut.

Am Anfang der Fabrikstraße, Haus Nr. 1 (Geo- Kordinaten: 51.658690, 10.345333) finden wir eine Hinweistafel auf den **Orgelbauer Johann Andreas Engelhardt**, der hier gewohnt und seine Werkstatt betrieben hat. Engelhardt wurde am 19. Dezember 1804 in Lossau geboren und wirkte als Orgelbaumeister in Herzberg von 1829 bis zu seinem Tode 1866. Er baute in dieser Zeit rund 100 Orgeln in Südniedersachsen.

Auf einen Blick:
- Sägemühlen ursprüngl. fiskalisch
- Kiene beantragte 1786 erstmals private Sägemühle, 2. Antrag 1793 genehmigt. Diese Sägemühle stand am Juesseeauslauf (Reck & Sohn)
- Sägemühle wurde hier 1865 errichtet, 1908 weiteres Sägewerk in der Bahnhofstraße, 1938 Ende Sägewerk
- Orgelbauer Engelhard lebte von 1829-1866 in Herzberg, baute ca. 100 Orgeln

weitere Info
* Grohmann, Herzberger Wirtschafts- und Sozialgeschichte
* Rudolf Teipel, Der Mühlengraben – Einst Herzbergs Lebensader

30 Gewehrfabrik

Geo- Kordinaten: 51.660582, 10.347640

Verwaltungsgebäude ehem. Gewehrfabrik, später Eisenbahner-Erholungsheim

1789 beschloss die Kriegskanzlei, ein zentrales Arbeits- und Fabrikhaus in Herzberg zu errichten, welches die Werkstätten mehrerer Handwerksmeister aufnehmen sollte. Bisher waren die Werkstätten über mehrere Orte in Herzberg verteilt, Arbeitsmaterial und einzelne Werkstücke mussten hin und her transportiert werden. Nach einer von Oberharzer Bergleuten durchgeführten Grabenregulierung wurden 1792/1795 unterhalb der Blankschmiede die Zentral Verwaltung der ehemaligen Gewehrfabrik und das Werksgebäude für Schloßschmiede und Rohrbohrer erbaut. Hier trieb ein Wasserrad die Gewerke an; Stauung u. Abflußgefälle ca. 1m. 16 Berufsgruppen arbeiteten in den neu erstellten Gebäuden in 26 Werkstätten. Die Rohrschmiede, Bajonettschmiede, Klingenschleifmühle und der Übungs- und Einschießplatz verblieben unterhalb des Schlossberges (Pfingstanger), die Neimke'sche Blankschmiede und die Ölmühle wurden dort in den Produktionsablauf der Gewehrfabrik mit eingeschlossen.

Arbeitsschritte bei der Fertigung eines Militärgewehres

Der Herzberger Inspektor Christian Franckenstein (Inspektor von 1787 bis 1803) liefert 1788 eine detaillierte Beschreibung

	a) der Lauf	b) das Schloss	c) die Garnitur	d) der Ladestock	e) das Bajonett
1.	geschmiedet, gehämmert und gerichtet	geschmiedet	die Röhrchen von geschlagenem Messing gemacht	gegossen und geschmiedet	geschmiedet
2.	zum ersten Mal gebohrt	ausgearbeitet	ausgearbeitet und die Stücke aus Eisen dazu verfertigt	gehärtet	die Dülle aus dem Graben gefeilt
3.	zum zweiten Mal gebohrt, auch unten aufgebohrt				die Dülle gebohrt
4.	mit einem Mützen verschroben, zum ersten Beschießen				gehärtet
5.	mit Ringen eingedreht und gerichtet			poliert	geschliffen
6.	geschliffen				poliert
7.	beschossen				Dülle und Hals ausgeteilt und poliert
8.	verschroben und mit Haften versehen				mit einem Schieber versehen

Der Lauf, das Schloß und die Garnitur wurden anschließend

1. geschäftet
2. adjustiert, daß ist das Schloß in Gang gebracht, das Zündloch eingebohrt, die Schwanzschraube ausgefeilt, die Haftschieber abgefeilt und befestigt
3. das Schloß gehärtet
4. der Schaft gebeizt
5. das Rohr zum drittten mal gebohrt und gekolbt
6. das Rohr poliert
7. das Rohr zum letzten Male nach der Seite gerichtet
8. Schloß und Garnitur poliert
9. vom Adjusteur zusammengesetzt, mit Ladestock, Kratzer und Stein (Stern?) versehen
10. Bajonett aufgepaßt
11. nochmals von den Rustmeister nachgesehen

Insgesamt sind es 34 Arbeitsschritte, bis ein Gewehr fertiggestellt ist.

Während des siebenjährigen Krieges (1756 – 1763) hatten französische Truppen die Gewehrfabrik und das Vorratsmagazin auf Schloss Herzberg mehrfach geplündert. Als die Truppen Napoleons die Gewehrfabrik 1808 erneut ausraubten und teilwiese zerstörten, endete 1808 die Produktion. 500 Herzberger Bürger waren „brotlos".

1808 übernahm der Hofbüchsenmacher Carl Philipp Crause aus Kassel die Leitung der Gewehrfabrik, pachtete sie 1809 und kaufte sie 1816 dem Königreich Hannover ab. 1807 bis 1813 musste Crause für das Königreich Westfalen, zu dem Herzberg während der französischen Besetzung unter König Jerôme gehörte, arbeiten. Nach dem Rückzug der Franzosen wurde Crause von der Bevölkerung geschnitten, da er für den Feind gearbeitet hatte. Crause schaffte es aber schnell wieder, die Gewehrfabrik zu neuer Blüte zu führen und mehr Gewehre zu produzieren, als vom Königreich Hannover benötigt wurden. Daher weitete er die Produktion auf zivile Gebrauchsgüter aus und konkurrierte mit den ortsansässigen Blankschmieden durch die Herstellung von Hacken, Sensen usw.

Einige Meister und Gesellen wie Störmer und Klawitter trennten sich von Crause und fingen eine eigenständige Produktion von Gewehren usw., überwiegend hochwertige Jagdwaffen, an. Dieses verlorengegangene einträgliche Geschäft führte zu wirtschaftlichen Schwierigkeiten der Crause'schen Gewehrfabrik und zu erheblichen Auseinandersetzungen mit den Konkurrenten, aber auch zu Unruhen in der eigenen Belegschaft.

Nach der Annexion Hannovers durch Preußen 1866 lieferte die Gewehrfabrik noch bis 1876 an die Preußische Armee, wurde dann aber wegen völliger Überalterung der Anlagen aufgegeben. Aus der Gewehrfabrik wurde ein Bahnerholungsheim. 1988 wurde hier Seniorenresidenz Stimerling erbaut.

weitere Info
* Grohmann, Herzberger Wirtschafts- und Sozialgeschichte
* Rudolf Teipel, „Der Mühlengraben – Einst Herzbergs Lebensader" und „Die Herzberger Gewehrfabrik..."
* Schwarzer, Streifzug durch Herzberg...
* Museum Schloß Herzberg
* Geschichte der Herzberger Gewehrfabrik, Hillemann 1955

Auf einen Blick:
- Gewehrfabrik wurde ab 1792 erbaut
- In Herzberg verteilte Werkstätten wurden zusammengezogen
- Im 7jährigen Krieg und unter Napoleon mehrfach geplündert, stillgelegt
- Ab 1808 unter Leitung von Crause, der die Fabrik 1813 kauft, 1876 Schließung
- Fabrik war nach Aufgabe der Gewehrproduktion Bahn-Erholungsheim, Abbruch 1988 und Bau Seniorenheim

31 Blankschmiede

Geo-Kordinaten: 51.661266, 10.348211

Erster Betrieb am Anfang des Mühlengrabens war eine 1780 gegründet Blankschmiede. Hergestellt wurden Äxte, Beile, land- und forstwirtschaftliche Hacken, Sensen, Futterklingen und anderes Gebrauchsgerät. In der Strüverschen Blankschmiede wurde das Anschweißverfahren für abgenutzte Äxte, Beile und Forsthacken praktiziert, man ersparte hierbei die Herstellung neuer Oberteile, lieferte preisgünstiger. Allgemein arbeiteten hier Meister und ein Geselle, die Arbeitseinteilung war das vormittägliche Schmieden, ca. 6 Beile oder Äxte, nachmittags das Blankschleifen.

Blankschmiede um 1898

Das Schleifen geschah an einem ca. 2 m im Durchmesser hohen und 30 cm breiten Schleifstein. Das zu bearbeitende Werkstück wurde auf einem Schleifholz befestigt, knieend beides mit dem Körpergewicht gegen den Schleifstein gedrückt.

Neben der Blankschmiede betrieb die Firma Dreger & Steinmann ein kleines Sägewerk. Heute abgerissen, wurde hier 1807 das Armenhaus von Herzberg im Auftrag und mit kräftiger finanzieller Unterstützung des Amtmanns Lueder errichtet und betrieben.

Auf einen Blick:
- Strüversche Blankschmiede seit 1780
- Kleines Sägewerk Fa. Dreger & Steinmann
- Armenhaus ab 1807 (Amtmann Lueder)

weitere Info
* Grohmann, Herzberger Wirtschafts- und Sozialgeschichte
* Rudolf Teipel, Der Mühlengraben – Einst Herzbergs Lebensader
* Schwarzer, Streifzug durch Herzberg...

32 Papiermühle

Geo- Kordinaten: 51.661266, 10.348211

Die zweite Mühle ausserhalb Herzbergs war die Papiermühle an der Lonau. Clausen Cramer erhielt am 16. März 1565 von Herzog Ernst IV. von Grubenhagen die Genehmigung zur Errichtung einer Papiermühle. Cramer hatte eine nicht mehr genutzte Eisenhütte gekauft, die er nun entsprechend umwandelte. Im Gegenzug verpflichtete sich Cramer, jährlich 3.000 Bogen seines besten Papieres an die herzogliche Kanzlei zu liefern. Die Papiermühle an der Lonau ist die älteste derartige Anlage in ganz Südniedersachsen. Im Jahre 1857 wurde die Papierproduktion eingestellt.

Ehem. Papiermühle um 1920

In der Folge webten die Gebrüder Kolle Beiderwand und verarbeiteten Holz zu verschiedenen Geräten, u.a. beschäftigte Kolle zeitweise 20 Eimermacher (siehe auch Ausführungen auf Seite 61 und 62). Nach dem Aussterben der Besitzer lag die Fabrik mehrere Jahre still. Zweimal wurde versucht, Industrie anzusiedeln, was fehlschlug. Kolle hatte 1885 unterhalb des Fabrikgebäudes eine Badeanstalt eingerichtet (Wellenbäder und Duschen). Später wurde diese durch ein Schwimmbad ersetzt, während er die Räume der alten Badeanstalt in eine kleine Schenke verwandelte. Der Badebetrieb endete mit Bau des Schwimmbades am Juessee in den 1920er Jahren.

Auf einen Blick:
- Ursprünglich Eisenhütte
- Papiermühle von 1565-1857
- Danach versch. Nutzer wie Weberei, Holzverabeitung ...
- 1885 erste Badeanstalt, später Schwimmbad

weitere Info
* Grohmann, Herzberger Wirtschafts- und Sozialgeschichte
* Schmidt, Herzberger Heimatbuch 1929
* Füllgrabe (Brommes)

33 Lonauerhammerhütte Geo- Kordinaten: 51.662436, 10.351746

In Wikipedia ist zu lesen: „Im Volksmund wurde sie damals nur Hütte genannt, ist eine ehemalige Gemeinde, die am Südrand des Harzes gelegen hat. Die Lonauerhammerhütte befand sich auf dem heutigen Betriebsgelände der Herzberger Papierfabrik, wo die Wasserkraft der Sieber genutzt wurde."

Die Ursprünge der Lonauerhammerhütte werden um 1500 vermutet und stehen in Zusammenhang mit der Lonauer Eisenhütte. Während in Lonau zwar genügend Wald zur Herstellung von Holzkohle für den Hochofen vorhanden war, führte der Fluss Lonau nicht genügend Wasser, um den schweren Eisenhammer anzutreiben. Daher wurde die Lonauerhammerhütte einige Kilometer weiter südlich an der Sieber angelegt, die an dieser Stelle mehr Wasser führt. Die Wasserkraft der Lonau reichte nur für den Antrieb des Blasebalgs für den Hochofen aus. Zeitweise wurde in Lonau auch ein Pochwerk betrieben.

vor 1916

Im 20. Jahrhundert wurden die Häuser der Ortschaft Lonauerhammerhütte nach und nach von der **Herzberger Papierfabrik** aufgekauft und abgerissen, um Platz für die Erweiterung der Fabrik zu gewinnen. 1890 kaufte der Kaufmann

Friedrich Ludwig Strauch die ehemalige Neimke'sche Blankschmiede mit allen Nebengebäuden, Ländereien, Wasser- und Forstanteilen, richtete eine Papierfabrik ein und begann mit der Papierproduktion. 1918 ging das Werk an die Firma „Kutsche und Tamaschke" über. Sie bauten den Wassergraben vom Sieberwehr oberhalb Herzbergs zur Papierfabrik

Papierfabrik 1925

und die Fabrik weiter aus. 1926 kauften Karl und Wilhelm Osthushenrich aus Bielefeld die Papierfabrik auf und verlegten wenig später den Hauptsitz ihres 1877 von Ludwig Osthushenrich gegründeten Unternehmens nach Herzberg. 1987

wurde die Papierfabrik an die Königlich-Niederländische Papierfabrik abgegeben und gehört heute zur Kappa-Gruppe.
Im Jahre 1937 wurde die Gemeinde Lonauerhammerhütte, die zuvor zum Landkreis Zellerfeld gehörte, vom Landkreis Osterode am Harz bzw. von der Stadt Herzberg am Harz übernommen."

Kleinschmidt: "Wie der Name es besagt, ist dort eine Hütte gewesen. Wann sie begonnen hat, ist unbekannt. I. J. 1715 war eine Eisenhütte hier und i. J 1717 „eine Schmiedehütte überm Herzberge." Die Lonauerhammerhütte ist 1766 an eine Stahlsocietät abgetreten, nachdem noch 1731 eine Geschützrohrfabrik daselbst angelegt war. Es sei noch bemerkt, daß Lonauerhammerhütte nach dem Abkommen von 1873 für sieben Stück Vieh Weidegeldfreiheit hatte."

1749 berichtet von Rohr: "Die Lohnau hat einen hohen Ofen und eine Hammerhütte, auch seinen eigenen Herrn. Auf dem hohen Ofen wird mancherlei Gußwerk gemacht an Oefen, Pfannen, Kesseln, Trögen und viele andere Eisenwerke in die Berg- und Holzwerke."

Andere Quellen: Zur Siedlung zählten etwa 15 Häuser. Die Blütezeit war 1749 schon vorüber. Das Hüttenwerk wurde teils 1752 und endgültig 1766 eingestellt. Später betrieb Neimke hier eine Blankschmiede und das Sägewerk Kiene vorübergehend eine Säge, bevor die Strauchsche Papierfabrik zu arbeiten begann und nach und nach auch unter den Nachfolgern Kutsche Co. und Osthushenrich das Gelände aufkauften. Sehr bekannt war die Gastwirtschaft „Zum goldenen Hirsch", ursprünglich „Schirmersches Wirtshaus", die in die obere Hindenburgstraße umsiedelte.

Vor der Gastwirtschaft „Zum goldenen Hirsch" befand sich ein Wehr, durch das der Mühlengraben abgeleitet wurde. Dieses wurde im März 1915durch ein Hochwasser vernichtete. Das jetzige Stauwehr wurde während des ersten Weltkrieges wieder aufgebaut, wobei wegen Arbeitskräftemangel Frauen tatkräftig mit zugefasst haben. Noch während des Baus des Wehres wurde durch ein erneutes Hochwasser das angrenzende Höchesche Haus mit fortgerissen.

<u>weitere Info</u>
* Hillegeist, Die Geschichte der Lonauerhammerhütte bei Herzberg
* Kleinschmidt, Chronik von 1894
* Füllgrabe (Brommes)
* Schmidt, Herzberger Heimatbuch von 1929
* Matwijow, Lonauerhammerhütte (2011)
* Chronik Herzberger Papierfabrik von 1977

<u>Auf einen Blick:</u>
- Eisenhütte, Blankschmiede, Nutzung Wasserkraft, ab 1890 Papierfabrik
- Entstanden um 1500
- 1937 nach Herzberg und in den Kreis Osterode „eingemeindet"
- Danach komplette Übernahme durch Papierfabrik

34 Kurhaus   Geo- Kordinaten: 51.662436, 10.351746

Das Kurhaus am Ende der Hirtenstraße/ Hindenburgstraße wurde bereits 1888 in einer Werbebroschüre zu „Bad Herzberg a.H" als Sammelpunkt der

besseren Gesellschaft angepriesen. Konkurrenz erhielt das Kurhaus durch die Hotels „Stadt Hannover", „Paradies" und „Aschenhütte" und wurde später dem Bund erblindeter Krieger überlassen. Das Kurhaus war während des Ersten Weltkrieges Lazarett und später Erholungsheim für Kriegsblinde. Zum Kurhaus gehörte noch ein dahinter liegendes Appartementhaus und eine Kegelbahn.

Das Kurhaus wurde später als Kantine der Herzberger Papierfabrik genutzt, bevor es aufgegeben und 1997 abgerissen wurde.

weitere Info
- Schmidt, Herzberger Heimatbuch 1929
- Gruß aus Herzberg am Harz, 1888

Auf einen Blick:
- Kurhaus wurde vor 1888 erbaut,1997 abgerissen
- Im 1. Welkrieg Lazarett, später Blindenkurheim und Kantine der Papierfabrik

35 Kurpark

Geo- Kordinaten: 51.661270, 10.353309

Ehemalige „Heck-Meck-Bude" am Eingang zum Kurpark

1793 legte der hier wohnende Oberförster von Uslar, der sich um das hiesige Forstwesen sehr verdient gemacht hat und wegen seiner Fachkenntnisse im In- und Ausland berühmt war, anscheinend zur Belehrung künftiger Forstbeamter eine Forstplantage an, im Volksmund später Kurpark genannt. Zur Erinnerung an von Uslar wurde ihm im Park ein Denkmal errichtet.

Im Jahr 1863 wurde diese Plantage erweitert und durch den Professor der Botanik Dr. Bartling mit verschiedenen Holzarten bepflanzt. Man hoffte, so die Forstschule von Clausthal nach hier verlegen zu können, was aber nicht gelang. Zeitweise war ein Schießstand und ein Brunnen mit Fontäne im Kurpark angelegt.

Die Plantage gehörte damals zur Oberförsterei Lonau und zum Landkreis Zellerfeld. Daher durfte z. B. bei Festlichkeiten nicht der benachbarte Kurhauswirt hier ausschenken, sondern der Wirt der Lonauerhammerhütte („Goldener Hirsch") in seiner „Heckmeck-Bude". Oberhalb des

Kurparks stand das „Harzforstamt Lonau", später Oppermann-Getränkehandel und jetzt abgerissen.

ehem. Harzforsthaus, 1956, Geo-Koord.51.663458, 10.358925

weitere Info:
- Schmidt, Herzberger Heimatbuch 1929
- Matwijow, 200 Jahre Forstplantage in Herzberg

Auf einen Blick:
- Kurpark 1793 von Oberförster von Uslar angelegt
- 1863 erweitert
- Plantage gehörte zum Kreis Zellerfeld

36 Kupferhütte und fiskalische Sägemühle

Die **fiskalische Sägemühle** (Geo- Kordinaten: 51.664701, 10.359054) stand unter Aufsicht eines „Administrators" und hatte Baumstämme in Bretter zu zerschneiden. Der Betrieb wurde Anfang des 20. Jahrhunderts eingestellt.

Die **Herzberger Kupferhütte**, (Geo-Koord. 51.664253, 10.360073) wurde von 1698 -1711 oberhalb Herzbergs in Nachbarschaft der fiskalischen Sägemühle betrieben. **Kleinschmidt** schreibt hierzu: „Der neue Pfarrer Johann Friedrich Oelffen ist am Fest Mariä Reinigung 1692 eingeführt. Er hatte vorher schon einige Zeit bei dem Prinzen Friedrich August (geb. 1661) und Carl Philipp (geb. 1669) als Hofmeister und dann als Feldprediger im Dienst gestanden. Im Jahre 1690 wurde er von Hannover aus als

Courier mit einer geheimen Botschaft nach Ungarn gesandt, und hat auch sonst im Felde gestanden. Er stammte aus Göttingen und verheiratete sich 1692 mit der Tochter des Amtmanns Behling aus Rotenkirchen, Dorothea Elisabeth. Sie hatte ihm eine ansehnliche Mitgift zugebracht, und er beteiligte sich mit diesem Gelde an einem neuen Unternehmen. Es wurde nämlich bei Herzberg nach Erz gegraben und auch in dem „bekannten Silberhay" gefunden. Bei der Herzberger Sägemühle wurde eine Kupferhütte angelegt. Anfänglich schien die Sache sich gut zu entwickeln, dann aber trat der Mangel an Erz zu Tage und die Interessenten büßten ihr Geld fast ganz ein. Sie wandten sich nun nach Lauterberg, nahmen die Grube Kupferrose aus und erhielten bis 1714 Freiheit für dieselbe. Die Grube kam so in Ausnahme, daß bereits 1711 im Quartal Crucis ein Kur 25 Speciesthaler und 1712 im Quartal Reminiscere sogar 30 Speciesthaler an Ausbeute abwarf. Dann aber ließ sie nach, und abermals erlitten die Interessenten einen schweren Schaden."

Die Kupferhütte verwertete von 1698 bis 1711 Kupferschiefer u.a. aus dem Silberhai und dem Waldgebiet oberhalb des Hägerfeld, am Heseberg und der Grube Kupferrose aus Lauterberg. Die Hütte wurde nach Lauterberg verlagert, das 25*15m große Hüttengebäude nach dort umgesetzt.

weitere Info
- Kleinschmidt, Chronik von 1892
- Hillegeist, verschiedene zu Hütten
- Hillemann, Herzberger Gewehrfabrik
- Schmidt, Herzberger Heimatbuch 1929
- Grohmann, Herzberg, Wirtschafts- und Sozialgeschichte

Auf einen Blick:
- Fiskalische Sägemühle von 1500 bis Ende 1800
- Kupferhütte von 1698 – 1711
- Verhüttung von Kupferschiefer aus Silberhai, Heseberg, Grube Kupferrose

Anzeigen der fiskalischen Sägemühle von 1904

Teil IV: Vom Hüttufer bis zum Sieberdamm

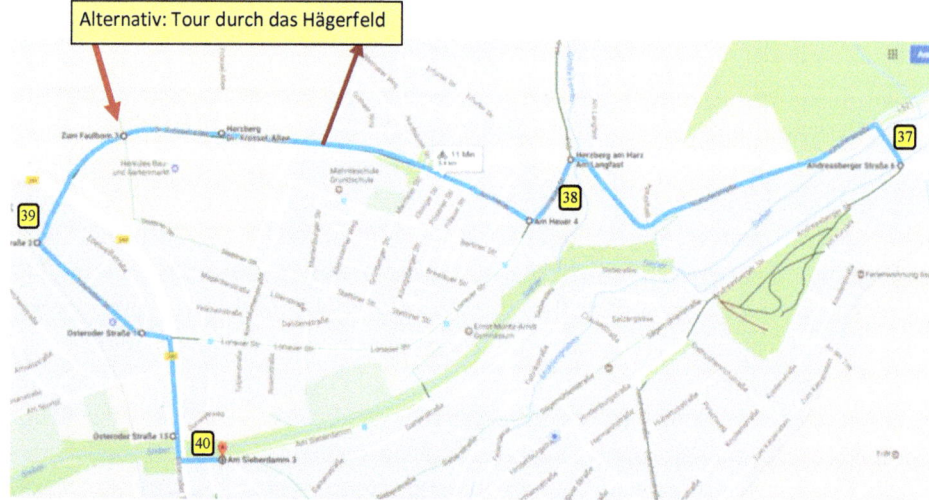

37 Papierverarbeitung und Rohstoff Holz
38 „Kolle-Teich" und Eimerfabrik Kolle
   Alternativ: Tour durch das Hägerfeld
39 Gerichtsberg
40 Sieberdamm und Sieberbrücke

37 Papierverarbeitung und Rohstoff Holz

Im Siebertal oberhalb Herzberg und Sieber arbeiteten mehrere Schleifereien. In ihnen wurde Holz aus den umliegenden Wäldern zerfasert und so zur Weiterverarbeitung in der Herzberger Papierfabrik oder der Rhumspringer Papierfabrik (sog. Weißschliff,

Schleiferei Langental/Lindental 1897

Herstellung von Zellulose) vorbereitet. Diese Schleifereibetriebe wurden nach und nach stillgelegt und das zur Verarbeitung erforderliche Holz direkt bei den Fabriken gelagert. Auf dem Platz zwischen Sieber und Wassergraben oberhalb des Werksgeländes lagerten bis in die 1960er Jahre riesige Mengen Nadelholz für die Herzberger Papierfabrik, die aus den umliegenden Wäldern teilweise noch mit Pferdefuhrwerken herangebracht wurden (Geo-Kordinaten: 51.664518, 10.359813).

Auf einen Blick:
- Aufgabe der Holzschleifereien um 1960 im Siebertal
- Holzlager für Papierverarbeitung in großen Mengen am Platz der ehemaligen fiskalischen Sägemühle

weitere Info
- http://sachsenkrieger.de/sieber-naturerlebnispfad-sieber-8km/
- Matwijow, Herzberg am Harz, Band VII
- Matwijow, Lonauerhammerhütte

38 „Kolle-Teich" und Eimerfabrik Kolle

Geo- Kordinaten: 51°39'46.6"N 10°20'48.6"E

An der Stelle, wo die Hüttuferstraße über die Lonau führt, sind noch Reste eines Wassergrabens zu sehen. Über diesen Graben wurde Wasser aus der Lonau dem sog. Kolle-Teich zuführte. Der Teich war wohl im Zusammenhang mit dem Papiermühlenbetrieb errichtet

Kolle-Teich ca. 1960

Fam. Kolle vor „Eimerwerkstatt" ca. 1900

und in den 1990er Jahren zugeschüttet. Der Teich lieferte nach Einstellung des Papiermühlenbetriebs Wasser an die Badeanstalt unterhalb der Gebäude und war im Winter beliebt bei den Schlittschuhläufern.

Wie schon unter der Papiermühle beschrieben haben die Brüder Kolle dann in einer Scheune an der Straße nach Lonau Ende 1800 eine Holzeimerproduktion begonnen und bis zu 25 Eimermacher, oft Arbeiter aus der aufgegebenen Gewehrfabrik, beschäftigt. In 10stündiger Arbeitszeit fertigten die Arbeiter aus großen, glatten Fichtenkolben, die aufgespalten wurden, Holzeimer. Mit dem Aufkommen von Zinkeimern ging auch diese Produktion ein.

Alternativ: Tour durch das Hägerfeld

Wald am Silberhai

Auf dem Weg zum Gerichtsberg bietet sich ein Abstecher Richtung **Silberhai** an, die Stelle, an der oberhalb des Hägerfeldes Kupferschiefer gewonnen und zur Herzberger Kupferhütte gebracht wurde. Der Weg führt entlang des Wanderweges 140 ab Parkplatz Krankenhaus zum Mühlenberg, vorbei an der Wüstung Hagen bis zur Warnecke-Hütte. Die am Weg angebrachten

KARSTWANDERWEG

Standort: Bärenwinkel

Die vielen kleinen Löcher im Wald sind die Reste eines ehemaligen Bergbauversuches auf Kupferschiefer. Am gesamten Südharzrand wurde vor etwa 900 Jahren dieser Bergbau aufgenommen. In der östlichsten Region, im Mansfelder Land, gelangte der Kupferschieferbergbau zur Blüte. Im Gebiet von Sangerhausen wurde bis zum Jahre 1990 intensiver Bergbau betrieben. In den weiter westlich gelegenen Regionen des Südharzes blieb es bei Bergbauversuchen ohne nennenswerte Ergebnisse.

Am Standort nahm Pastor Oelffen den Bergbau im Jahre 1694 auf. In diesem Gebiet waren bereits 100 Jahre zuvor erste Bergbauversuche durchgeführt worden. Aber schon 1697 wurde der Bergbau wegen Erzmangels wieder aufgegeben.

Info- Tafeln informieren kurz und präziese zur geschichtlichen Bedeutung dieser Stationen. Von der Warnecke-Hütte aus bieten sich verschiedene Rückwege zur Tangente Richtung Osteroder Straße an.

weitere Info
* Grohmann, Herzberger Wirtschafts- und Sozialgeschichte
* Schwarzer, Streifzug durch Herzberg...
* Schmidt, Herzberger Heimatbuch von 1929
* Füllgrabe (Brommes)
* Kleinschmidt, Chronik von 1894 zur Siedlung Hagen

Auf einen Blick:
- Holzeimerherstellung der Brüder Kolle Ende 1800
- Künstlicher Graben von der Lonau und künstlicher Teich für Papiermühle und einstiges Bad
- Wüstung Hagen, Ort wurde im 30jährigen Krieg aufgegeben
- Am Silberhai: Kupferschieferabbau

39 Gerichtsberg

Geo- Kordinaten: 51°39'46.8"N 10°19'43.6"E

Die Gerichtsbarkeit für Herzberg und Umgebung wurde ursprünglich von den Fürsten selbst oder in dessen unmittelbarem Auftrag wahrgeneommen. Später übernahm diese Aufgabe das „Amt Herzberg", das seinen Sitz auf dem Schloß hatte. Gelegentlich wurden auch Todesurteile gefällt und auf dem Gerichtsberg an der Straße nach Osterode vollstreckt.

Kleinschmidt: „Auch im Anfang des 19. Jahrhunderts zeigte sich der Aberglaube noch einmal kraß bei einer öffentlichen Angelegenheit. Der Mörder einer Müllerfrau und der Mordanstifter, Achtermann und Lohrengel, wurden am 12. Oktober 1804 bei Herzberg gerädert auf der kleinen runden Erhöhung, die etwa 100 Schritte von der Osteröder Chaussee - da, wo sie von der Eisenbahn durchschnitten wird - noch heute zu sehen ist. Viele Menschen strömten hinaus, nicht nur um dem grausigen Schauspiel zuzusehen, sondern auch um das Blut abzufangen, das ein vorzügliches Heilmittel für alle möglichen Krankheiten sein sollte." Der Gerichtsberg ist inzwischen abgetragen.

weitere Info
* Kleinschmidt, Chronik von 1892
* Max, Das Fürstentum Grubenhagen

Auf einen Blick:
- Auf dem Gerichtsberg wurden Urteile des Fürsten und des Amt Herzberg vollsterecht
- 12.10.1804 Hinrichtung eines Mörders und eines Anstifters -> Aberglaube

40 Sieberdamm und Sieberbrücke

Geo- Kordinaten: 51°39'46.6"N 10°20'48.6"E

Herzberg (Harz) Schloß mit Sieberbrücke.

Am 20. Dezember 1740 brachte die Sieber infolge Tauwetters so große Wassermassen mit, daß der untere Teil von Herzberg und die gerade hierhin verlegte Gewehrfabrik bedroht waren und erhebliche Schäden entstanden. Im Jahre 1742 wurde die Sieber in einem Kanal von Kieselsteinen ausgepflastert. Die nächsten großen Wassermassen ruinierten jedoch das Bauwerk, so dass man dazu überging, mit großen Bruchsteinen einen Damm zu bauen. 1753 war der Sieberdamm noch nicht fertiggestellt, wie aus einer Karte des Flecken Herzberg von 1753 zu sehen ist, denn in dieser Karte ist eine Überflutung im Bereich des Pfingstangers zu sehen.

Der Bau des Sieberdamms war wohl mit vielen Schwierigkeiten verbunden. Manche Anwohner wollten anscheinend kein Material für den Dammbau bereitstellen und es sollen sogar Steine wieder entnommen worden sein.

Bis in das 18. Jahrhundert war an der Stelle der heutigen Sieberbrücke nur eine Furt. 1830 wurde dann eine hölzerne Brücke über die Sieber gebaut und um die Jahrhundertwende durch eiserne Schwellen verstärkt. Vor den Brückenständern waren, wie auf dem Bild (etwa 1915 – 1920) zu sehen ist, zum Schutz gegen Hochwasser Abweiser angebracht, damit die Ständer nicht durch Geröll beschädigt wurden. 1945 sprengte die Deutsche Wehrmacht die Brücke. Die Briten errichteten eine Behelfsbrücke, die durch einen Brückenneubau 1953 ersetzt wurde.

weitere Info
* Grohmann, Herzberger Wirtschafts- und Sozialgeschichte
* Schwarzer, Streifzug durch Herzberg...
* Schmidt, Herzberger Heimatbuch von 1929

Auf einen Blick:
- 1740 Überschwemung, Hochwasser
- Sieberdamm erbaut 1742 bis etwa 1753
- Erste hölzerne Brücke wurde 1830 gebaut, 1945 von Wehrmacht gesprengt

Foto: Oberherzberg Anfang 1950er Jahre

Anhänge:

Weitere geschichtsträchtige Orte außerhalb der Fahrradtour

a) Hauptstraße und Markt

Der Markt in Herzberg hat viele bauliche Veränderungen erlebt, zahlreiche historische Bauwerke sind verschwunden. An erster Stelle ist das „Hotel Hannover" zu nennen, gefolgt von den Häusern Markt 31 und 33, ehemals die landwirtschaftlichen Betriebe Füllgrabe und Offeney, sowie den Häusern an der Reckengasse. Historisch bedeutend ist noch das Haus Markt 28, nach der Inschrift 1666 von „Meister Valentin Ernst Heine" erbaut. (Geo- Kordinaten: 51°39'46.8"N 10°19'43.6"E). Das Rathaus wurde bereits unter „28...Rathaus..." beschrieben.

Auch die Hauptstraße hat viele bauliche Veränderungen erfahren. Es sind nur wenige historische Häuser erhalten, am Anfang der Hauptstraße der „Deutsche Kaiser" und am Ende der Hauptstraße das ehem. Kaiserliche Postamt, erbaut 1891 (Geo- Kordinaten: 51°39'46.8"N 10°19'43.6"E). Auch hier sind einige historische Häuser beispielhaft zu erwähnen: Hauptstr. 3 (Rohrmann/Schoppe), Hauptstr. 7 (ehem. Hotel „Weißes Roß"), Hauptstr. 24 (Müller/Niederstadt), Hauptstr. 27/29 (Leder-Koch), Hauptstr. 28 (Rohrmann/Schoppe), Hauptstr. 36 (Schween) und Hauptstr. 67/69 (Reck/ Engelking). Die Bebauung wurde, wie im Anhang in der „Zeittafel Herzberg" dargestellt, häufig durch Großbrände vernichtet. Der letzte schwere Eingriff war die Bombardierung von Herzberg am 22. Februar 1944, bei der mehrere Häuser in der Hauptstraße zerstört wurden und 19 Todesopfer sowie 17 Schwerverletzte zu beklagen waren. Die Hauptstraße hieß ursprünglich „Lange Straße", dann „Hitlerstraße". Der Charakter der Hauptgeschäftsstraße wurde in den letzten Jahren  zunehmend verändert, immer mehr Geschäfte werden nach zwischenzeitlichem Leerstand zu Wohnzwecken genutzt.

b) Sieberstraße und Sägemühlenstraße

Ehemals Gewehrfabrik Ebbeke, noch heute Tischlerei Picht

In der Sieberstraße und der Sägemühlenstraße waren neben Landwirten auch zahlreiche Handwerker angesiedelt, so zum Beispiel die Büchsenmacher Klawitter und Ebbeke, Tischler, Bäcker, Schlachter, Schmiede und Schuhmacher. Die Sägemühlenstraße war, wie schon an anderer Stelle beschrieben, geprägt von der Sägemühle Kiene sowie der Sägemühle Otto, die in den Besitz der Familie Keidel übergegangen ist und in der heute noch Wasserwaagen hergestellt werden.

c) Heidestraße, Vorstadt, Juesseestraße

Eine der alten Straßen in Herzberg ist die Heidestraße. Viele der Häuser sind abgerissen. Stellvertretend sind hier zwei Häuser erwähnt, die anderen Gebäuden weichen mussten:

Die Denffersche Villa, 1885 im Besitz der Amtsrichter v. Schrader, danach der pensionierte Hauptmann Hunaeus und dann Landwirt Denffer. Die Villa wurde im

Denffersche Villa

Bindt'sches Haus

Rahmen des Baus der Orientierungsstufe 1978 abgerissen (Geo- Kordinaten: 51.652468, 10.338708).

Das Bindt'sche Haus an der Ecke Heidestraße/ Hopfenhof brannte 1982 ab. Dieses Haus wurde von den Mühlenpächtern Müller als Getreide- und Düngerhandlung genutzt. Vor dem Hause befand sich eine öffentliche Waage, die gegen Zahlung einer Gebühr von jedermann benutzt werden konnte (Geo- Kordinaten: 51.653037, 10.336294.).

Am 17. Februar 1800 wurde Johann Ernst Engelke die Konzession zur Führung einer Gastwirtschaft erteilt (Geo- Kordinaten: 51.651443, 10.343134).

Englischer Hof um 1900

Die Vorfahren: 1618 wurde Ernst Engelke geboren, Sohn des Jorgen Engelke. Die Engelkes waren Bauern. Sie wohnten vorerst nicht in der Vorstadt. 1738 werden erstmals Vorfahren von Johann Ernst auf der Vorstadt erwähnt.

Johann Heinrich Engelke wird als Brauer und Schuhmacher bezeichnet. Sein Sohn Johann Ernst war Landwirt und „Ouvrier". Ernst Engelke starb 1804 und sein vierjähriger Sohn konnte die Gastwirtschaft noch nicht übernehmen. Sein Bruder Heinrich Christian sprang ein. 1905 vergrößerte Ernst Heinrich Georg Engelke den Besitz, indem er das Nachbarhaus Nr. 437 erwarb. 1914 wurde bei einem Großbrand ein Nebengebäude des Englischen Hof vernichtet. Heute wird der Englische Hof von der Familie Wasmund betrieben.

Richtfest Luisenstift

In der Juesseestraße sind zwei Gebäude besonders zu erwähnen, das Luisenstift, von Kaufmann Peimann in Hamburg gegründet, in dem ursprünglich alleinstehende Frauen für mässige Miete unterkommen konnten und das Emmastift, eine Stiftung der Frau des Sanitätsrats Dr. Hogrefe, 1900 gegründet. Das Emmastift diente den Gemeindeschwestern und Hilfspersonal als Wohnung. In den Sommermonaten befand sich in den Räumen die Warteschule. Daneben war eine Volksbibliothek untergebracht (Geo- Kordinaten: 51.652921, 10.342528).

d) *Das Wilkesche Grundstück* Geo- Kord.: 51.651625, 10.345465

Schmidt beschreibt das am Juessee liegende Anwesen im Herzberger Heimatbuch von 1929 als ein Gebäude mit einem 14 Morgen großen parkähnlichen Garten, der durch eine aus Siebersteinen errichtete Mauer, stellenweise mit Dachziegel abgedeckt, begrenzt ist. In dem Garten haben sich verwitterte mythologische Steinfiguren befunden. Schmidt geht davon aus, dass das Haus von Johann Philipp Zellmann (1712-1774) errichtet wurde. Unter den späteren Besitzern wurden wohl verschiedene Veränderungen am Gebäude vorgenommen. So sind Nebengebäude für landwirtschaftliche Nutzung hinzugekommen. Über die Mauer berichtet die Sage, daß sie zur Zeit einer Teuerung ausgeführt sei, um den Arbeitern Verdienst und Brot zu verschaffen. Einer der Besitzer, Arnold Wilke, starb, als Pferde vor einem Automobil scheuten, durchgingen und er überfahren wurde.

e) Juesfried
Geo- Koordinaten:
51.652848,
10.343905

Anfang des 20. Jahrhunderts baute der nach Herzberg verzogene und im Ruhestand lebende Deckoffizier Warlich die Wirtschaft „Juesfried" und schaffte Boote für Bootsfahrten auf dem Juessee an. Nach Warlichs Tod wechselten die Wirte häufig und Ende der 1980er Jahre wurde der Wirtschaftsbetrieb des „Juesfried" eingestellt.

f) „Friedrichshöhe"
Geo- Kordinaten: 51.662096,
10.346045

In Nachbarschaft des Kolleschen Grundstücks steht auf der Lonauer Straße die vom Rentier Welkner am Hang erbaute Villa „Friedrichshöhe". Dieses Haus war zeitweise Mädchenpensionat. Nach Welkners Tod wechselte der Besitz der Villa mehrmals.

Sagen, Geschichten, Anekdoten

Sage vom Ochsenpfuhl (nach Schmidt, Heimatbuch 1921)

Über den Ochsenpfuhl erzählt Ludwig Störmer in der Kreiszeitung (Nr. 69 v. 1905) folgende Sage: „Vor ungefähr 150 Jahren war der Ochsenpfuhl, was er auch jetzt ist, eine Wiese oder ein Weideanger, auf welcher der Kuhhirt seine Herde Mittagsruhe halten ließ. Damals bestand die Sitte, daß am Pfingsttage die Hirten ihre Herden zusammentrieben.*)

Da mußten die Ochsen einen Zweikampf aufführen. Der Ochse, welcher sich dabei als der stärkere erwies, wurde bekränzt; der Hirt aber wurde beschenkt, weil er offenbar den Sieger gut gefüttert hatte.

Bei einem solchen Kampfe soll nun ein Ochse sehr böse geworden sein und mit seinen Hörnern die Erde aufgewühlt haben. Die Folge davon sei gewesen, daß ein starker Wasserstrahl dem Boden entströmte und die ganze Fläche bedeckte. Seit dieser Zeit habe man diese Wiese „Ochsenpfuhl" genannt."

*) Beiläufig sei die Sitte erwähnt, daß noch in neuster Zeit einige Tage vor Pfingsten ein Schlachter einen bekränzten „Pfingstochsen" durch die Straßen führte, der zum Feste sein Leben lassen mußte.

Schachtrupp (nach einem Bericht von Michael Paetzold)

Herzberg im Jahre 1714: Erhitzt trotz Winterwetters müht sich der Totengräber den Mühlengraben hinauf, geduckt unter einer besonderen Last. Mehr als einmal setzt er aufgeregt ab und ruht aus, um sie erneut zu schultern. Es ist die Leiche von Curt Schachtrup, die er kurze Zeit zuvor in der Familiengruft auf dem Bartholomäikirchhof bei der Beisetzung von Sohn Rudolph Schachtrup entdeckt hatte, ausgetrocknet zwar, aber unverwest. Nach dem ersten Schrecken hatte er die Mumie dem Grabgewölbe entnommen und in einem dunklen Winkel in der Kirche zwischengeparkt. Jetzt aber sollte sie für Aufregung sorgen, in der Spinnstube für die Mädchen eine Überraschung der besonderen Art. Wohl ist dem Mann nicht bei seinem ungewöhnlichen Unterfangen, und als sich tief wachsende Äste eines Wallnussbaums für ihn nicht sichtbar in der Leiche verfangen und sie festhalten, erfasst ihn Entsetzen. Die Mumie stürzt zu Boden, der Totengräber sucht in sternloser Nacht das Weite. So erzählt es zumindest der Grubenhagensche Heimat-, Haus- und Familienkalender im Jahr 1929. Mit dem Fund des mumifizierten Körpers von Curt Schachtrup am nächsten Tag beginnt die heute fast vergessene Geschichte der Herzberger Tanzleiche.

Was für einen Schreck werden Herzberger Jugendliche wackeren Studenten aus Göttingen eingejagt haben, als sie den ledrigen Gesellen nach durchzechter Nacht unvermittelt zwischen diese platzierten! Im 18. Jahrhundert sorgte die Mumie so für manch wohliges Schaudern, wenn sie gegen eine kleine Gebühr mal wieder heimlich vorgezeigt wurde oder als Partner auf dem Tanzboden der Wirtschaft eine bemerkenswerte Figur machte: „Teuf man, wenn du nich wacker bist, hol ick den Schachtrup", soll Herzberger Kindern gedroht worden sein, vermutlich ein zielführendes Argument repressiver pädagogischer Bemühungen. Die „Annalen der BraunschweigischLüneburgischen Churlande" von 1787 berichteten: „Ein jeder der es verlangt, kann die Leiche da zu sehen bekommen, man addresiert sich desfalls nur an den Todtengräber. Gegen ein kleines Trinkgeld kriegt dieser den Leichnam Sans facon beym Leybe, bringt ihn aus dem Gewölbe und lehnt ihn an die Mauer, erlaubt sich dabey allerhand elende Zoten und pöbelhafte Späße."

Wehrhaft, ehrlich, versoffen, aber nicht immer trinkfest

Ein Auszug aus der Chronik Kleinschmidt von 1894:

„In demselben Jahre (1700) wurde Herzberg noch einmal erschreckt und zwar diesmal ganz unnützer Weise. Es war um halb zwei Uhr Nachts am 20. Juli. Da wurde gestürmt und an alle Hausthüren geschlagen. Der Amtmann Knorr ließ allarmieren, denn es war das Gerücht entstanden, die Feinde rückten auf Herzberg zu. Es war nämlich der Nordische Krieg ausgebrochen.

Die Alten und die Frauen packten das Ihre und flohen in die Waldung, aber die kriegerische Jugend nahm vor dem Wege nach Osterode zwischen den beiden Ordonnanzhäusern ihren Stand. Der Weg wurde mit Wagen geschlossen, und die Mannschaft lud ihre Gewehre. Die Hauptleute Wallis und Koch hatten die Führung. Conrad Greffe wurde vom Amtmann Knorr auf Kundschaft geschickt. Aber er machte unterwegs zu oft vor den Wirtshäusern Halt; und die vielen kleinen Schnäpse hatten die Wirkung, daß er zwischen den Teichen vor Osterode berauscht vom Pferde fiel. Sein Tier eilte nach Herzberg zurück, und es entstand die Meinung, Greffe sei vom Feinde erschossen, und der Feind stehe vor den Thoren. Angstvolle Stunden vergingen, mutig und doch klopfenden Herzens spähten die Bürger aus, aber kein Feind kam in Sicht; sie konnten beruhigt nach Hause gehen."

Kleinschmidt berichtet weiter über den Kampf der Pfarrer gegen Alkoholgenuss: „1734 wird berichtet, daß zwei bodenlos versoffene Kerle" in der Gemeinde sind. 1765 wirft man dem Rector Reddersen vor, er besuche die Wirtshäuser Gemeinde fleißig, "sonderlich den Billard." 1780 heißt es im Kirchenbuche: "Joh. Meyer hat sich totgesoffen."

Schmidt schreibt in seinem Herzberger Heimatbuch von 1921, indem er aus einer Chronik von Amtmann Meister zitiert: „Den Flecken Herzberg, den er (Meister) ja genauer kannte, hat er dabei wohl beonders im Auge – ist im allgemeinen gut; Achtung von dem Gesetze und Furcht vor Strafen lassen selten schwere Verbrechen zu, die nur durch vorherrschende Armut und den leidigen Branntweingenuß erzeuget werden." Schmidt weiter: „Über die hier herrschende Trunksucht verbreitet er (Meister) sich recht ausführlich, ist geneigt, die große Zahl der Selbstmorde auf ihr Konto zu setzen und macht Vorschläge zur Abhülfe.

Wenn man liest, daß es damals in Herzberg sieben Brennereien gab (allerdings keine Großbetriebe) – Reiß, Recht, Degener, Bauermeister, Reinhausen, Sticke und Poppe -, wenn allein in dem Gartenhause des Kaufmanns und Weinhändlers Joh. Ph. Zellmann im Juesholze i.J. 1747 500 Flaschen Wein vertrunken sind (und das war nicht das einzige Geschäft dieser Art), so müssen allerdings unsere Vorfahren dem Alkoholgenusse stark gehuldigt haben.

Auch liegt die Zeit noch gar nicht so weit hinter uns, daß Mengen von Branntwein direkt aus den Brennereien geholt wurden und manche Arbeiter, wenn sie am Sonnabend ihren Wochenlohn empfangen hatten, in Kaufmannsläden sich flaschenweise den Schnaps verkaufen ließen und ihn an Ort und Stelle tranken."

Ergänzende Informationen

Hillemann, Hütten, die die Gewehrfabrik Herzberg belieferten:

In den umfangreichen Akten des Staatsarchivs in Hannover sind folgende Eisenhütten genannt, die Eisen und Stahl für die Gewehrfabrik in Herzberg lieferten! Die Lonauerhütte von Keydel, die Königshütte bei Lauterberg, die Gittelder- und Lonauerhammerhütte bei Herzberg. Wenn auch heute keine Hütte von diesen mehr besteht, so hat doch die Erforschung der Schlackenhalden im Harz durch Professor Dr. Arnold Bode (Clausthal) in seinem Aufsatz: "Reste alter Hüttenbetriebe in West- und Mittelharze" neben urkundlichen Belegen genügend Aufschluss gegeben über das Hüttenwesen im Südharzgebiet. So sind auf einer Karte verzeichnet: bei Gittelde 1. Eisenhütte, im Tal der Söse von Osterode bis Kamschlacken Eisenhütten, 2 Kupferhütten, im Tal der Steinau (zwischen Osterode u. Herzberg) unweit Rehhagen 2 Kupferhütten, bei Lonau, Herzberg und Sieber je 1 Eisenhütte, im Siebergebiet oberhalb des Ortes 5 Kupfer- und 1 Eisenhütte, bei Lauterberg je 1 Kupfer- und Eisenhütte (Königshütte). Diese Hütten bezogen ihre Erze aus dem Bergbau im Söse-, oberen Sieber-, Odergebiet, wo Manganeisenstein, Roteisenstein, Brauneisenstein und roter Glaskopf abgebaut wurden. Um das Jahr 1700 stand auch in diesen Gebieten der Bergbau noch in voller Blüte. Die Königshütte bei Lauterberg wurde zwar erst 1733 eingerichtet. Es mangelte also nicht an Erzen und Hütten, hinzu kam noch eine langjährige Erfahrung im Hüttenwesen, durch die ein brauchbares Material für Waffen garantiert werden konnte.

Hillemann zur Königshütte:

Sie verarbeitete das wertvolle Erz des roten Glaskopfes vom Großen Knollen, das über 90% reines Eisen enthielt.

Herzberger Papierfabrik

- 1890: Kaufmann Friedrich Ludwig Strauch kauft die ehemalige Neimke'sche Blankschmiede mit allen Nebengebäuden, Ländereien, Wasser- und Forstanteilen, richtete eine Papierfabrik ein und beginnt mit der Papierproduktion.
- 1918: Werk geht an Firma „Kutsche & Tamaschke", weiterer Ausbau der Fabrik.
- 1926 Karl und Wilhelm Osthushenrich aus Bielefeld kaufen die Papierfabrik und verlegten wenig später den Hauptsitz ihres 1877 von Ludwig Osthushenrich gegründeten Unternehmens nach Herzberg.
- 1930: Aufnahme der Papiersackfertigung
- 1931: Bau des Industrie-Bahnanschlusses, wurde am 31.12.1994 eingestellt
- 1952: Erwerb der Kleinzeche Schattenbach (bei Bochum) zur Sicherung der Energieversorgung der Papierfabrik mit Steinkohle.
- 1987 wurde die Papierfabrik an die Königlich-Niederländische Papierfabrik abgegeben und gehört heute zur Kappa-Gruppe.
- 1934 waren bei der Herzberger Papierfabrik 536 Personen beschäftigt (Stadtarchiv Herzberg, H358), 1977 ~ 1.150 Beschäftigte, 1987= 941 und 1994= 977 (Daten: Papierfabrik). Produktionssteigerrung je Beschäftigter von 1987 bis 1994 = 71,3%.
- 1960 Bau der Wellpappenfabrik
- 1965 Aufnahme der Kunststoffsackfertigung, 1969 Bau der Kunststoffsackfabrik
- 1971/72 Schließung der Kunststoff- und Papiersackfertigung
- 31.12.1986 Verkauf der Gesellschaftsanteile an KPN

Soziales Engagement:
- 1929: Gründung der Betriebskrankenkasse
- 1930: Betriebsrente als zusätzliche Altersversorgung
- 1938: Werksschule für Lehrlinge
- 1938: Einrichtung eines Werkskindergartens
- 1946: Einstellung eines hauptamtlichen Werksarztes
- Um 1950: 110 Mitarbeiter werden beim Bau eines Eigenheims unterstützt, 1974 nochmals 70 Beschäftigte
- Osthushenrich-Wohnungsbau-Gesellschaft baut bzw. untestützt den Bau von 448 Wohnungen

Zeittafel Herzberg

Datum	Ereignis
1029	Graf Werner von Lutterberg soll sich auf dem Schlossberg ein Jagdhaus erhaut haben. Personalie ist anzuzweifeln, da der Graf zur genannten Zeit noch nicht gelebt hat.
Um 1100	Vermutlich erste Besiedlung unterhalb des Schlosses (Vorwerk)
1143, August	Osterode, Herzberg und der Rothenberg werden durch die Stadt Göttingen für den noch unmündigen Heinrich den Löwen in Besitz genommen (erledigtes Lehen?)
1150	Erste urkundliche Erwähnung Herzbergs
1152	Heinrich von Herzberg wird im Zusammenhang mit Schloss Herzberg als erster genannt.
1157, 01. Januar	Kaiser Friedrich I stellt in Goslar Urkunde aus, nach der mehrere Erbgüter der ersten Gemahlin Heinrichs des Löwen (u.a. Schloss Badenweiler) gegen Schloss Herzberg, Scharzf. + Hof Pöhlde getauscht + der Wildbann im Harz als Lehen vergeben wird.
1180, Herbst	Gegen Heinrich den Löwen wird durch Friedrich Barbarossa der Bann ausgesprochen, Herzberg fällt an Barbarossa zurück
1203	Schloss Herzberg fällt wieder an die Welfen zurück und gelangt in den Besitz des Sohns von Heinrich den Löwen, Kaiser Otto IV
1218	Die Witwe Kaiser Ottos IV stellt in Herzberg eine Urkunde aus, hat wohl als deutsche Kaiserin auf Schloss Herzberg gewohnt.
1279	Die Witwe des Herzogs Albrecht der Große nimmt auf Schloss Herzberg seinen Witwensitz bis zu ihrer Wiederheirat.
1285	Erbteilung, Haus Herzberg fällt an Heinrich den Wunderlichen
1285-1322	Heinrich der Wunderliche residiert häufig in Herzberg
1337	Herzberg wird erstmals urkundlich erwähnt
1337, 17.März	Schloss Herzberg fällt an Heinrich II. (der Grieche). Es ist geplant, für den Bruder Wilhelm ein Schloss auf den Kalkberg bei Lüderholz zu bauen, Grundsteine sind zu sehen. Wann das Schloss zerstört wurde, ist nicht bekannt.
1342	Schloss Herzberg und andere Güter werden an das Bistum Mainz verkauft, fallen aber später weitgehend wieder zurück an die Fürsten von Grubenhagen, Duderstadt und das Eichsfeld bleiben beim Bistum Mainz
1464	Heinrich III. wird Schlossherr auf Herzberg und Herzog
1485	Philipp I wird Herzog von Grubenhagen
Um 1500	Enstehung der Lonauerhammerhütte
1501	Ältestes noch erhaltenes Haus wird in der Junkernstr. erbaut
1510, 04. Nov.	Schloss Herzberg brennt ab
1526	Herzog Philipp tritt dem Bündnis lutherischer Fürsten bei.
1528	Schloss Herzberg ist wieder aufgebaut
1538	Herzog Philipp erklärt die päpstlichen Lehren in seinem Land für abgeschafft
1538	Herzog Philipp I., Gnadenakt Schützenfeste für Herzberger Bürger
1544	Kirchenordnung Herzog Philipps regelt Einrichtung von Schulen
1546	Herzog Philipp kämpft während des Schmalkaldischen Kriegs gegen Kaiser Karl V., fällt in Ungnade
1548, 20. Juni	Die kaiserliche Ungnade wird gegen Philipp aufgehoben
1551 - 67	Herzog Ernst IV wird Herzog von Grubenhagen auf Schloss Herzberg

Datum	Ereignis
1554	Erlaß einer Bergfreiheit durch Kanzler Andreas Heub
1554	Hammerhütte wird schon erwähnt, seit 1614 im Besitz Keydel, 1751 verkauft
1558	Wasserkunst in der Untermühle, Wasserversorgung Schloss von hier aus
1565	Claus Cramer richtet an der Lonau eine Papiermühle ein (vorher Eisenhütte)
1567	Wolfgang wird Herzog von Grubenhagen auf Schloss Herzberg
1569	Flecken Herzberg erhält Befugnis, Bier zu brauen, eine Weinschenke zu betreiben
1570 - 1586	Gemahlin von Herzog Wolfgang, Dorothea von Sachsen-Lauenburg, legt am Schloss einen fürstlichen Lustgarten an
1581	Herzog Wolfgang erlässt eine Holz- und Forstordnung
1581	Fleckenbrauhaus beginnt mit Bierbrau
1592	Amtsbrauhaus (fiskalisch) beginnt mit Bierbrau
1593	Bau der Bartholomäi-Kirche
1595	Philipp bestätig den Andreasbergern ihre Bergfreiheit
1595 - 1596	Philipp der Jüngere, Bruder Wolfgangs, wird Herzog von Grubenhagen
1596, 04. April	Mit dem Tod Philipps stirbt die Linie Grubenhagen aus und es kommt zu einem Erbfolgestreit zwischen Wolfenbüttel und Celle
1596 – 1616	Keine Hofhaltung in Herzberg, Julius von Wolfenbüttel hat Fürstentum Grubenhagen in Besitz genommen
1613	Herzog Frank Ulrich von Wolfenbüttel legt dem Land viele Steuern auf
1616	Erbfolgestreit wird durch kaiserliches Hofurteil zu Gunsten von Herzog Christian von Celle entschieden
1617, 12. März	Empfang des Lehens durch den Herzog durch die Vasallen, Huldigung
1617, 14. Dez.	Herzog Georg heiratet Anna Eleonore von Hessen-Darmstadt und erhält die Regentschaft für das Fürstentum (Sage vom Freudenstein)
1625	Kriegshandlungen im Raum Herzberg, 30jähriger Krieg
1626	Herzog Georg wechselt aus politischen Gründen auf die Seite der katholischen Partei und verlässt die Allianz mit den Dänen
1626	Clausthal wird von den Dänen in Besitz genommen
1632	General Graf von Merode (katholische Partei) fiel in Fürstentum Grubenhagen ein, brandschatzte Osterode und drangsalierte Herzberg
1636, 27. Jan.	Herzog Georg wird das Herzogtum Calenberg und Göttingen übertragen. Er verlegt seine Residenz nach Hannover
1641, April	Herzog Georg verstirbt in Hildesheim, seine Witwe Eleonore nimmt ihren Witwensitz auf Schloss Herzberg
1641, Sept.	Eine streikende kaiserliche Schar von 150 Mann hat Herzberg heimgesucht
1647	69 Häuser in Herzberg werden durch einen großen Brand in Asche gelegt
1648 -1660	Herzog Christian lässt den Sieberflügel des Schlosses neu bauen
1654	Keydelscher Hof (Deutscher Kaiser) wird erbaut
1656	Herzog Ernst August hat sich zeitweilig in Herzberg aufgehalten
1657	Herzog Christian Ludwig legt den Herzberger Jägerhof an und erbaut ein Jagdhaus auf dem Großen Knollen
1667	Johann Friedrich erteilt eine Gnadenverschreibung über den Grafenforst
1668	Die Hofhaltung wird in Herzberg aufgehoben

1677, 23. Juni	Nach einem Blitzschlag brennen 24 Häuser ab
1685, 23.März	Musterung von 10.000 Mann auf Herzberger Haide für Corps von General Chauvet unter Prinz Georg Ludwig, den späteren König von England, für den Einsatz gegen die Türken in Ungarn
1685	Pachtverträge Obermühle von 1685 - 1868
1686	Es brennen erneut mehrere Häuser ab, darunter auch das Pfarrhaus
1689	Selbständigkeit des Fürstenturm Grubenhagen endet
1689	Es existieren zwei Branntweinbrennereien
1691	Die Prinzen Friedrich August und Christian, die in den Türkenkriegen umgekommen sind, werden in der Batholomäi-Kirche in Herzberg beigesetzt.
1693	Herzog Ernst August bestätigt die Gnadenverschreibung über die Grafenforst
1695	Beginn des Baues des Brauhauskellers und Fleckenbrauhauses
1698	Einweihung der Schule auf dem Schulberg
1698 - 1711	Kupferhütte oberhalb Herzberg, wird dann nach Lauterberg verlegt
1711	Es arbeiten 24 Schmieden
1729, 24. Juli	König Georg II. von England hält in der Nähe von Herzberg (Lonau) große Jagd ab
1739	Gewehrfabrik nimmt in Herzberg seine Produktion auf
1742-1753	Bau des Sieberdamms
1770	Amtmann Lueder wird Domanalpächter in Herzberg
1780	Strüversche Blankschmiede „An der Blankschmiede"
1786	Blockhof (Nannescher Hof) wird erbaut
1788 und später	Einrichtungen und Mobilar des Schlosses werden verkauft
1792 - 1795	Bau der Gewehrfabrik in der Fabrikstrße
1793	Fleckensägemühle am Mühlengraben (Kiene)
1793	Kurpark wird angelegt, 1863 erweitert
1798, 11. Okt.	Ida Arenholdt, Mitbegründerin + Vorsteherin des Krankenhauses Friederikenstift in Hannover, wird in Herzberg geboren
1800, 17. Febr.	„Englischer Hof" erhält Schank-Lizens
1800-1912	Nagelschmiede „Am Dornklimp" + Ahrend am Mühlengraben
1803	Es existieren sieben Brennereien
1807	Bau eines Armenhauses „An der Blankschmiede", finanziert von Amtmann Lueder
1813	Crause kauft die Fürstliche Gewehrfabrik in der Fabrikstraße
1814, 06. Nov.	Der jüngste Prinz des Herzogs von Cambridge, Adolf Friedrich, reist durch Herzberg
1822	Bau des Spritzenhauses am Markt, 1881 Umbau Spritzenhaus
1826 - 1925	Gewehrfabrik Störmer in der Junkernstr.
1830	Bau der ersten, hölzernen Brücke über die Sieber
1835	Weberei Nitsch nimmt Betrieb auf
1839, 22. Sept.	König Ernst August weilt in Herzberg, besucht Gottesdienst, besichtigt die Gewehrfabrik
1840	Batholomäi-Kirche wird aufgegeben und abgebrochen
1841	Baubeginn der Nicolai-Kirche
1845, 3. August	Einweihung Nicolai-Kirche
1846	Wollweberei Levin&Westermann am Mühlengraben, 1920 Feilenhauer.Reck&Sohn
1848	Unruhen; einige wollen anderen König, andere einen Hanebuth (Amtsvogt).

1856	Reform Forstwesen, Forstgenossenschaft „Realgemeinde Herzberg" wird gegründet
1856, 04. Okt.	König Georg weilt in Herzberg, schenkt der Kirche ein Ölgemälde
1861	Ausbau des grauen Flügels des Schlosses
1865	Sägemühle in der Sägemühlenstr. nimmt Betrieb auf
1868-1869	Eisenbahnstrecke Northeim-Nordhausen wird erbaut
1870-1871	Eisnebahnstecke nach Seesen wird erbaut
1876	Gewehrfabrik wird geschlossen, Produktion eingestellt
1885	Erste Badeanstalt (Kolle), später Schwimmbad
1888	Kurhaus wird erbaut
1890	Friedrich Ludwig Strauch kauft Blankschiede Neimke, richtet Papierfabrik ein
1894	Herzog Ernst August von Cumberland hat Erneuerung der Fürstengruft angeordnet, der Kirche zur Ausschmückung ein Gnadengeschenk von 2.400 Mark überwiesen
1895	Katholische Kirche wird eingeweiht
1899	Azetylengaswerk der Firma Bonte im Pfingstanger
1895, 25. Aug.	Einweihung der katholischen Kirche
1905	Neimke'sche Blankschmiede wird aufgegeben, Übernahme d. Gasthaus Buchholz
1905, 5. Juli	Furchtbarer Orkan mit schwerem Gewitter verwüstet Herzberg und Umgebung
1905	Baumwollbleicherei „Mariental" nimmt im Pfingstanger Produktion auf
1905	Nicolai-Schule in der Junkernstr. wird eingeweiht
1906	Otto Pleissner gründet Stahlwerk in Herzberg
1908	Kiene baut Sägewerk in der Bahnhofstraße, später Plattenwerk Homann
1910	7 Brände in Herzberg, bei 6 Bränden wurde Brandstiftung vermutet
1911	Die Eisenbahnstrecke Herzberg-Bleicherode wird eingeweiht
1911	Steinkohlegaserzeugung im Pfingstanger
1915	Produktion von Schießbaumwolle am Pfingstanger
1916	Bahnanschlussgleis für Pfingstanger durch russische Kriegsgefangene erbaut
1917, 03. Januar	Ein mächtiges Sieber-Hochwasser reißt ein Haus neben dem Sieberwehr mit fort
1918	Schwarze Blattern sind eingeschleppt, viele Personen erkrankt, mehrer gestorben
1919	Benno Borzekovski betreibt Kunstseidenspinnerei im Pfingstanger
1926	Osthushenrich kauft Papierfabrik auf und baut sie aus
1929	Gründung Herzberger Schwimmverein (HSV e.V.), Bau des Juessee-Schwimmbades
1930	Amtsbrauhaus wird für einen Postneubau abgebrochen
1931	Bau der Industriebahn zur Papierfabrik
1933	Arbeitsdienstlager wird erbaut
1940	Rüstungsbetrieb der DAG (Dynamit AG) bnimmt Sprengstoffproduktion auf
1944, 22. Feb.	Bombenangriff auf Herzberg, 19 Todesopfer, 17 Schwerverletzte
1945, 05.04.	Schwere Explosion im Rüstungsbetrieb DAG. 26 Tote
1970	Schlossvorwerk wird für Postneubau abgerissen
1972	Untermühle wird abgerissen

Hillegeist: Herzberger Wirtschaft

- Eisenhütte an der Lonau → Papiermühle 1565-1857 (vermutl. älteste Papiermühle in Südniedersachsen).
- Mühlen: Amtssägemühle seit Mitte 17.Jh., Fleckenssägemühle am Mühlengraben seit 1793. 2 Mühlen, herrschaftl., am Mühlengraben; Sägemühle; 2 Ölmühlen; Gewerke der Blankschmiede, die Waffenfabrik u. Langsägemühle; Untermühle (gen. 1558, noch 1862); von hier Wasserkunst, um Wasser zum Schloss Herzberg hochzupumpen.
- Brauprivileg 1569. zwei Brauhäuser: Fleckenbrauhaus 1581, Amtsbrauhaus 1592 (fiskalisch).
- Waffenproduktion 1738/39-1803 (staatlich), 1816-1876 (privat).
- 2 Branntweinbrennereien 1689, 7 Brennereien 1803.
- 24 Schmiede (1711), 11 Schmiede (1776).
- Seifen- u. Lichtfabrik von Wallis erw. 1826. Textilfabrik bis 1872 → Eimerfabrik b.1901 → Textilfabrik bis 1913. Tuchfabrik in Betrieb 1792. Tuchfabrik Levin in Ölmühle Kiene seit 1846. Essigfabrik genehmigt 1849. Stein- und Buchdruckerei angelegt 1848. Zündholzfabrik F. Böttcher v. 1872. Zündholzfabriken Strüver u. Sprengel 1881.
- 1892: 3 Büchsenmacher-Firmen, 1 Chirurgische Instrumente, 1 Streichholzfabrik (Strüver), 1 Tuchfabrik, 2 Webereien, 3 Sägewerke, 4 Kistenfabriken, 3 Eimermacher, 1 Spundfabrik, 2 Zigarrenfabriken, 1 Buchdruckerei. Feilenhauerei.
- Firma Pleissner Guss GmbH 1906, heute zur Georgsmarienhütte (Stahlgussteile). Firma Homanit GmbH & Co.KG (Verpackungskübel für Margarine u. später Holzfaserplatten) bis 1983, heute nur Verwaltung. Homapal (Schichtpressstoffplatten) ab 1983. Firma Borvisk 1919-1930 (Kunstseide) → Firma Dynamit AG Alfred Nobel 1940 – 1945 (Minen und Bomben).
- 2006: Firma Günter Unterberg, Dreherei u. CNC-Fertigung (†); Anlagen u. Schallschutz-Technik GmbH; Hieke Logistik GmbH; PEMA GmbH (Truck-u. Trailervermietung); Smurfit Kappa Herzberger Papierfabrik GmbH (Karton u. Vollpappe); Jungfer Druckerei u. Verlag GmbH.
- Verkehr: Bahnhof an der Strecke Northeim – Norhausen (1868); Herzberg – Seesen – Goslar (1870/71); Herzberg – Bleicherode (1910/11).

Literatur: Busse (2003); Grohmann (2003); Hillemann (1959): Kleinschmidt (1929); Mitgau (1961). Quelle: Hillegeist, Wirtschaft

Quellen:

Chronik Kleinschmidt von 1894
Das Eichsfeld, Duval von 1845
Chronik Wallis (Fiedler, Achim 1998)
Chronik Schmidt von 1929
Heimatbuch Schmidt von 1921
Würdigung Nachtigall von 1950
Gruß aus Herzberg am Harz von 1888
Geschichte der Herzberger Gewehrfabrik, Hillemann 1955
Die wirtschaftliche Entwicklung Herzbergs in neuester Zeit , K. Hillemann
Beiträge zur Geschichte der Herzberger Gewehrfabrik, Peter Klose 1963
Zum Stelldichein mit einem Toten, Geschichte Schachtrupp, M. Paetzold 2016
Rechts und links vom Mühlengraben, Füllgrabe „Brommes", 1980er Jahre
Der Mühlengraben, Teipel, 1999
Hillegeist, Die Geschichte der Lonauerhammerhütte bei Herzberg am Harz
Bildbände I – VII Herzberg und Herzberg am Harz in alten Ansichten, Matwijow
Kiefer I und II. Die ehemalige Munitionsfabrik Herzber, Frank Baranowski
Lonauerhammerhütte, Wohnsiedlung und Industriestandort, Matwijow 2011
100 Jahre Herzberger Papierfabrik (1977)
Grüneberg, Schloss Herzberg
Max, Fürstentum Grubenhagen
„Englischer Hof", Meise, Februar 1975
Stadtarchiv Herzberg, verschiedene Quellen
Herzberg am Harz, Vergangenheit und Gegenwart
Internet
- Gudrun Schwibbe, Wahrgenommen
- Wikipedia

Fotos:
Heimatarchiv Klaus Matwijow, Archiv der Stadt Herzberg, Manfred Kirchner